Mude seu futuro

Através das aberturas temporais

Lucile y Jean-Pierre Garnier Malet

Quando a ciência descobre uma verdade esquecida:
Nosso duplo!

Edições

reconocerse

Autores: Lucile y Jean-Pierre Garnier Malet
Edita: Carolina Rosset Gómez
Nº de edição: 1ª edição
Depósito Legal:SS-1102-12
ISBN: 978-84-940168-1-3
Imprime: Dedinfort, s.l.

ÍNDICE

PREFÁCIO

Jean-Pierre Garnier Malet[1]

"Para alcançar a verdade é necessário, pelos menos uma vez na vida, se desfazer de todas as opiniões recebidas, e reconstruir de novo, desde o fundamento, seu próprio sistema de conhecimentos."
René Descartes.

Se, ao longo de uma caminhada, cansado pelo calor, você descobre uma fonte corrente de água, você esvazia rapidamente a água morna da sua garrafa, para enchê-la desta água bem fresca e melhor saciar-se. Da mesma forma, descobrindo essas páginas, você deverá esvaziar sua mente de tudo o que aprendeu, para preenchê-la de idéias e noções novas. Então, poderá recomeçar a cada dia sua vida, sob novas bases, tão extraordinárias como indispensáveis.

Neste livro, tentaremos mostrar-lhe a amplidão de uma descoberta revolucionária sobre o passado, o presente e o futuro.

Não se engane! Esta leitura implicará em uma total revisão da sua maneira de viver. Utilizando essa descoberta no cotidiano, você poderá reencontrar, facilmente, um equilíbrio individual, físico ou psicológico, familiar ou profissional.

Foi sobretudo o grego antigo que me fez compreender a importância e a universalidade desta descoberta científica. Dessa oportunidade suplementar, resulta um ensinamento simples, capaz de ajudar cada um a resolver seus problemas.

---

[1] Veja publicações científicas (referências no final do livro).

Através de aplicações simples e espetaculares rapidamente foi possível provar o que já era possível afirmar: reencontrar o equilíbrio perdido, controlando o passado e o futuro, é tão fácil quanto se envolver em situações difíceis ou mesmo impossíveis, ou ficar doente por ignorância.

Os resultados nos mostraram a grande eficácia desse ensinamento, que não necessita nenhum conhecimento científico particular.

Assim, utilizando explicações e exemplos concretos, lhe daremos as bases principais desta abordagem.

Uma descoberta universal: o alfa e o ômega[2]

Essa descoberta científica sobre o desdobramento do espaço e do tempo, faz apenas sair do esquecimento uma lei muito antiga. Gostaria que vocês entendessem a minha surpresa ao descobrir que o grego era a língua do conhecimento universal, sem dúvida bem antes das outras. Efetivamente, o movimento do desdobramento obriga as partículas a seguirem as bifurcações, sendo vinte e sete as principais. Cada uma forma uma letra do alfabeto grego.

Na minha infância, com os jesuítas, fazia-se, na época, suas "humanités"*. Assim, o ensino das línguas mortas era tão importante e competitivo quanto o das matemáticas e da física. Com eles, fiz meus estudos secundários e, como todo estudante de grego dessa época, eu sabia que este idioma era constituído de um alfabeto de vinte e quatro letras: do alfa ao Ômega. Qual não foi minha surpresa ao descobrir três letras esquecidas que me confortaram nesta surpreendente descoberta!

Então compreendi a passagem de um pequeno alfa a um enorme ômega. A teoria do desdobramento exige, entende-se bem, uma mudança de escala: o horizonte de uma partícula se transforma em partí-

---

[2] Para este parágrafo: ver Anexo 0.
*"humanidades": trata-se de estudos feitos antigamente nos colégios jesuítas com o ensino das línguas mortas, o grego e o latim.

cula de um horizonte maior. Parecia-me, então, que existia uma ligação evidente entre a partícula (alfa minúscula) e seu horizonte (ômega maiúscula) porque segundo minha teoria, o ômega era também uma partícula (ômega minúscula) em um horizonte maior (alfa maiúscula). As minúsculas e as maiúsculas assumiam uma importância matemática capital.

Assim, não era por acaso que, nos tempos antigos, as letras gregas serviam também para contar. Essa numeração me permitia demonstrar que ela era, na realidade, ligada à simples quantificação do movimento de desdobramento.

Deste modo foi fácil demonstrar que a ligação entre o alfa ($\alpha = 1$) e o Ômega ($\Omega = 800$) era o rô ($\rho = 100$) e que consequentemente, era normal que a palavra $\Omega\rho\alpha$ (Ora) pudesse significar no grego original a "divisão do tempo".

Aqueles que construíram essa língua sabiam de forma pertinente que existia um desdobramento dos tempos através das acelerações sucessivas de seu fluxo e que, para viver, era preciso utilizar um passado, um presente e um futuro "ao mesmo tempo".

Essa nova noção, que tentaremos explicar o melhor possível, ilustra perfeitamente o que o próprio Platão escreveu no Timeu – Crítias, cinco séculos antes de Cristo:

"Essas são as divisões do tempo. Dizemos que ele "era", que ele "é", e que ele "será", mas para dizer a verdade, somente a expressão ele "é" se aplica ao ser que é eterno."

Esse homem foi iniciado no Egito durante doze anos, vocês dirão! Não é mais lógico pensar que ele não estava lá como aluno mas sim como professor? De fato, a lei do desdobramento não aparece, absolutamente, de maneira tão precisa e rigorosa, entre os Egípcios. Entretanto, eles tinham noções de arquitetura, matemática e astronomia ainda muito revolucionárias em nossos dias.

Que lição reter para o nosso cotidiano, senão que os antigos sabiam melhor do que nós, utilizar o futuro para viver melhor? Então porque não tentar reencontrar esse modo de compreender e de fazer, ainda mais que estamos chegando no final de um ciclo de desdobramento dos tempos de 25.920 anos?

Chamada de "ano de Platão", essa duração - dada com precisão pela teoria do desdobramento e correspondendo à observação da célebre precessão dos equinócios - era bem conhecida antigamente. Por que não pensar que ela já tinha sido calculada de uma maneira rigorosa pela teoria denominada do Alfa e do Ômega?

São João escreveu justamente no final do seu Apocalipse que *"o Criador era o Alfa e o Ômega, o primeiro e o derradeiro, o princípio e o fim"*[3].

Ora, "o fim (de um ciclo de divisão) dos tempos" que vivemos atualmente - e veremos o porque e o como – permite descobrir o passado e o futuro que, até então, estavam escondidos atrás do véu dessa divisão.

A palavra grega "apo-calypsos" (apocalipse) nada mais significa que a descoberta de um potencial que nos é oferecido. Compreender o seu funcionamento pode nos trazer os benefícios de seus efeitos positivos! De fato, atualmente, vivemos seus efeitos negativos pela simples ignorância das leis universais!

---

[3] Apocalipse de São João.

APLICAÇÕES IMEDIATAS E ESPETACULARES

Afirmar que uma descoberta científica permite reencontrar o equilíbrio perdido não era suficiente. Tínhamos que provar e, sobretudo, mostrar a simplicidade de uma tal proposta. Uma ciência sem aplicação evidente no cotidiano é inútil para o mortal comum.

1 O DESDOBRAMENTO DO TEMPO

Desdobrar-se para explorar um espaço
não é uma pura visão do espírito
mas uma lei física,
que permite criar o melhor futuro, antes de vivê-lo.

Tudo começa com um desdobramento do tempo

Já estamos habituados ao desdobramento do espaço, mesmo que seja para fazer comparações de performances. Aprisione ratos ou homens em duas gaiolas idênticas com o objetivo de atravessar o mesmo obstáculo, alimente-os de maneira diferente e em seguida observe os resultados! Você poderá deduzir que um alimento é preferível ao outro.

Utilizar dois espaços análogos permitiria, então, prever um futuro melhor. Esse tipo de experiência é realizado de maneira comum nos laboratórios farmacêuticos ou em competições esportivas, para testar a eficácia de um medicamento, de um alimento ou de um treinamento. Na vida cotidiana, passamos nosso tempo a comparar nossas experiências passadas, para tentar deduzir ou reviver a melhor delas.

O desdobramento do tempo vai muito mais longe.

Imagine que você utiliza dois mundos idênticos, onde o tempo não passa com a mesma velocidade! Enquanto um tempo imperceptível de um bilionésimo de segundo transcorre no primeiro, o segundo viveria num tempo acelerado, digamos, durante horas, permitindo assim aprender longa e lentamente a melhor maneira de atravessar vários obstáculos. Uma troca de informação entre os dois mundos daria instantaneamente, no tempo normal, a informação necessária para ir diretamente ao objectivo, de maneira instintiva ou intuitiva. Além disso, os numerosos fracassos realmente vividos em um mundo seriam memorizadas em um outro, afim de jamais ter a vontade ou mesmo a idéia de vivê-las.

O sucesso viria da atualização da melhor experiência, graças a uma boa troca de informação, através de aberturas entre os dois tempos. É claro que cada questão teria múltiplas respostas criando, assim, uma infinidade de futuros possíveis, e cada resposta seria a consequência instantânea da melhor opção dentro dessa diversidade de potenciais.

Ora, para ter certeza de ter a boa resposta à boa questão, o melhor não seria então "se desdobrar" nos dois tempos?

Comprovada há muito tempo, a relatividade dos tempos estaria assim a serviço do ser humano, como todas as outras propriedades científicas perfeitamente estabelecidas. Este desdobramento permitiria de fato criar, lentamente, potencialidades futuras, e actualizar imediatamente, de maneira instintiva, a melhor dentre elas.

Movimentar nos faz envelhecer mais lentamente

É de conhecimento popular a relatividade do tempo estabelecida por Einstein e, de fato, ninguém pensa ser capaz de entender e, sobretudo, de colocar em prática uma teoria tão complicada estabelecida por um gênio tão grande. Entretanto, você é muito mais sábio do que imagina, pois utiliza essa propriedade física a cada instante, para sobreviver. Ela está tão cravada em nós que nem mais nela prestamos atenção. Nascemos com ela e a utilizamos incessantemente, para sobreviver. Nós a conhecemos tão bem e ela nos parece tão lógica, que acabamos simplesmente por ignorá-la. De fato, é fácil rememorá-la, sem precisar nos tomarmos por grandes sábios.

Essa curiosa relatividade foi uma certeza tão grande que, no início do século passado, ela revolucionou a ciência, fazendo sonhar o mundo inteiro. Como o efeito de uma pedra jogada no meio das águas, as idéias de Einstein sobre o tempo se estenderam por todo o planeta. Entretanto, a maioria dos cientistas da época não viam, nelas, nenhuma aplicação prática. Como seria possível não envelhecer da mesma maneira, em todas as partes do universo?

Viajar em tempos diferentes permitiria tornarmo-nos o pai de nossa mãe ou o filho de nosso filho? As suposições eram muitas, mas ninguém imaginava que dois relógios idênticos poderiam girar com velocidades diferentes, se fossem afastados ou aproximados um do outro.

Em 1923, um grande cientista[4] explicava, através de cálculos simples mas rigorosos que, partindo da Terra numa velocidade muito próxima da velocidade da luz, um astronauta teria uma grande surpresa ao retornar vinte anos[5] depois: o mundo teria envelhecido dois mil anos. Sua nave espacial seria considerada um objeto dificilmente identificável. Suas preocupações e sua linguagem dariam a impressão de um passado remoto.

Observar o futuro

Imagine que você seja este astronauta! Voltando à nossa Terra, você descobriria, de repente, uma evolução terrestre de vinte séculos. O interesse dessa viagem seria considerável. Sem precisar se perder em longas reflexões, você poderia utilizar novas técnicas, evitar os obstáculos e escolher, em um instante, as melhores soluções. Basta ver a evolução desde Jesus Cristo ate nossos dias para compreender que você teria, imediatamente, a melhor visão de todas suas possibilidades futuras. Em outras palavras, através dessa viagem ultra-rápida, você

---

[4] Langevin, *La physique depuis vingt ans*. Doin, 1923.
[5] A velocidade da luz é de 299 792 km/s no vazio. No exemplo acima, a velocidade do astronauta seria de 299 777 km/s.

teria à sua disposição "futuros potenciais" que poderia "atualizar", à sua vontade, para viver melhor no seu tempo mais lento.

Compreendendo o interesse de tais viagens, você teria vontade de vivê-las, freqüentemente. Colocando-se muitas questões, você voltaria, periodicamente, para procurar as melhores respostas, tornando-se, assim, um bom "vidente" em sua nave, sobretudo se suas aparições na Terra permanecessem imperceptíveis. Suas saídas não precisariam ser longas, porque um breve instante em sua nave espacial corresponderia a vários dias na Terra. Mas como você faria para que a abertura da porta de sua nave, para o exterior, não seja percebida do interior?

Percepção subliminar

No universo, nada é deixado ao acaso. A imperceptibilidade é também uma realidade física, pois nossa percepção é totalmente descontínua. Assim, sabemos que, no cinema, vemos apenas vinte e quatro imagens a cada segundo. A vigésima quinta não aparece. Sendo subliminares, essas imagens não têm uma realidade aparente para nós, mas exercem um impacto sobre nosso inconsciente. Alguns publicitários já as utilizaram verificando, maravilhados, que elas modificavam as idéias dos consumidores ou dos eleitores, em detrimento de sua liberdade de julgamento.

Antigamente, os desenhistas de Walt Disney, para assinar suas obras, introduziam imagens intrusas em seus desenhos animados. Eles não pensavam que seria possível, um dia, fazer um foco sobre as imagens. Quando da estréia da "Branca de Neve" em vídeo, foi uma grande surpresa descobrir alguns desenhos com traços um pouco eróticos. Não teriam eles perturbado, assim, uma geração de crianças?

Hoje em dia, evidentemente condenadas pela ética – mas talvez ainda utilizadas - essas experiências provaram que o invisível é capaz de modificar nossos pensamentos, ao ponto de nos transformar em

16

marionetes, inconscientes dos fios de conexão. Tempos "subliminares" não poderiam oferecer esta mesma possibilidade?

A percepção descontínua do tempo e do espaço

Um desdobramento pode ser, também, imperceptível.

Se sua viagem em sua nave durasse menos de um vigésimo-quinto de segundo, ela também seria subliminar. As pessoas ao seu redor nunca perceberiam as suas saídas rápidas da nave espacial. Suas predições sobre o futuro seriam tão surpreendentes que até poderiam se realizar. Só você saberia que não se trata de nenhuma predestinação, mas tão somente de uma atualização possível de um dos "futuros potenciais" já vividos na Terra. Todos veriam você como um grande feiticeiro ou um adivinho notável enquanto que a única coisa que você teria feito seria sair da sua nave para olhar através de uma "janela aberta" em correspondência com a sua aterrissagem. Ora, todos nós somos viajantes ultra-rápidos. Essas "aberturas temporais" imperceptíveis são aceleradores da passagem do tempo, que nos levam em direção a outros espaços, a velocidades prodigiosas.

Imagine, então, que você é capaz de desdobrar-se a fim de ficar na Terra e, ao mesmo tempo, de partir no espaço na velocidade da luz, condição necessária para ter duas percepções diferentes do tempo! Pelo fato da sua percepção descontínua e da rapidez de suas viagens, você jamais teria tempo de observar suas idas e vindas, em um outro tempo. Seu desdobramento seria imperceptível ou, como as imagens de um filme, seria subliminar. Ora, ocorre o mesmo com todas as pessoas. Isto permanece invisível porque nossa percepção periódica o esconde em tais imagens.

Essa interrupção periódica da visão não é uma suposição. Ela é usada de maneira fácil e notável nas "discotecas". Alternando flashs luminosos e tempos de obscuridade, uma iluminação dita estroboscópica (nome derivado do aparelho utilizado, o estroboscópio) permite conceber duas realidades diferentes: uma luminosa, perceptível, e outra escura, invisível, mas igualmente real.

Com uma alternância suficientemente lenta, a descontinuidade da percepção desencadeia pulsações e uma impressão de lentidão. Acelerando o movimento, você só percebe uma luminosidade contínua. Essa corrente alternativa existe em todo lugar: passa despercebido que as lâmpadas se apagam a cada sexagésimo de segundo. Temos a impressão de estarmos iluminados, permanentemente. Aquele que só distinguiria o escuro teria também a impressão de uma obscuridade contínua. A luz estaria num "além" de sua observação habitual.

Uma percepção periódica, ou estroboscópica, pode, assim, eliminar as variações contínuas da passagem do tempo. Para aquele que se desdobra, essa supressão aparente permite dispor, ao mesmo tempo, de duas passagens diferentes de tempo, caracterizadas por vibrações luminosas opostas. Estas se intensificam no futuro, ao ponto de tornarem-se trevas.

Assim, podemos rigorosamente afirmar que o desdobramento coloca a luz na obscuridade: "E Deus separou a luz das trevas", diz a Bíblia, desta forma exprimindo uma realidade física. As civilizações antigas sabiam que o presente separava a luz criadora das trevas, onde se escondiam potenciais perigosos.

Os tempos imperceptíveis são sempre tempos reais, mas obscuros, onde se fabricam futuros instantâneos. Sem esses potenciais, a vida é impossível.

2 A PROVA "DOS QUATRO" DA REALIDADE DO FUTURO

O envelhecimento diferente de um espaço a um outro
só seria suposição, se essa diferença de tempo de vida
não tivesse sido rigorosamente evidenciada,
através de uma experiência científica
perfeitamente reproduzível.

Durante muitos anos, a maioria dos cientistas recusou a idéia de um envelhecimento mais lento para um viajante do espaço. Como uma simples aceleração ou desaceleração, necessária para deixar um espaço, poderia modificar o tempo? Isso parecia inimaginável, mas quem conhece a realidade dos tempos? Nós já temos dificuldades em conceber a realidade da matéria. De fato, um homem pesa uma tonelada, dentro de um carro em alta velocidade, que se choca contra uma árvore. Sem cinto de segurança, ele atravessaria o pára-brisa como uma bala. Ele é igualmente pesado quando decola dentro de uma nave espacial. Se ele ignorasse as forças colocadas em ação por causa da brutal aceleração ou desaceleração, ele pensaria que seu corpo estaria mais pesado. Ele não percebe nisso a conseqüência de um movimento.

Porque não tirar a mesma conclusão a respeito do tempo? O cosmonauta decola num tempo e volta noutro. Para ele, não há nenhuma mudança. Ele pode até mesmo pensar que o tempo é ligado ao espaço que ele percorre. Mudando de mundo, seu relógio modifica a velocidade das agulhas. Isso é ilusão?

Em 1971, essa modificação foi perfeitamente observada e controlada durante uma experiência irrefutável. Dois cientistas, J. Hafele e R.

Keating, utilizaram relógios atômicos. Graças à extrema precisão desses novos aparelhos de mensuração, eles demonstraram que um passageiro dentro de um avião dando uma volta ao redor da Terra – seja na direção do leste, onde a aceleração é mais fraca - sentido da rotação da Terra – seja na direção do oeste, onde a aceleração é mais forte - sentido contrário- não envelhecia tão rápido quanto na terra. A diferença obtida foi de alguns bilionésimos de segundo[6]. Diferença suficiente de maneira que o resultado enterrou, definitivamente, todas as suposições e elucubrações passadas.

O presente atualiza futuros potenciais criados pelo passado

Existiria, então, de maneira incontestável, uma possibilidade de criar o futuro a cada instante, em aberturas inobserváveis, entre instantes observáveis, que pareceriam formar uma contínua passagem do tempo. Nossa vida não seria mais que uma sucessão de instantes perceptíveis, atualizando impulsos imperceptíveis proveniente de um futuro já experimentado por um duplo nas aberturas de um tempo, cuja passagem pareceria sempre igual a si mesmo.

A existência de vários tempos não seria a única maneira de construir o futuro dentro de um espaço, para viver melhor dentro de um outro? Assim, a relatividade do tempo não seria uma singularidade misteriosa do nosso universo mas, simplesmente, a conseqüência direta de uma propriedade muito mais fundamental da passagem do tempo: sua variação imperceptível e estroboscópica necessária para um desdobramento vital.

Envelhecer mais rápido em um tempo acelerado permitiria, então, fabricar possibilidades futuras antes de vivê-las no tempo normal. Em seguida, seria suficiente atualizar, a cada instante, o melhor dos potenciais assim experimentados realmente, para viver bem no cotidiano.

---

[6] Ganho de tempo: 273 bilionésimos de segundo para o oeste, 53 para o leste (com uma incerteza de 7 bilionésimos de segundo).

Aplicação no cotidiano

É essa atualização rápida que, antes de tudo, temos tentado testar. Nós sabíamos que ela devia fornecer, permanentemente, o melhor instinto de sobrevivência à quem souber dispor das informações vindas de um tempo acelerado, onde seus futuros são fabricados. Se um potencial ruim tiver, no passado, desencadeado um desequilíbrio físico ou psíquico, a possibilidade de escolher uma solução melhor para os problemas, só poderá recuperar o equilíbrio perdido. De fato, segundo a teoria do desdobramento, as informações derivadas do futuro devem proceder, permanentemente, de aberturas imperceptíveis do nosso tempo, que é preciso saber controlar.

Eis como a descoberta científica de uma propriedade essencial do tempo nos leva sem postulado, mas pela simples lógica, à uma aplicação vital no cotidiano. Cada pessoa pode dizer, então, que o futuro criado a cada instante lhe dará, no seu presente, uma possibilidade de sobrevivência instantânea, graças às aberturas temporais imperceptíveis.

Acreditávamos que nenhuma dificuldade deveria resistir ao poderoso potencial individual que nos revelava este novo conhecimento de um desdobramento do espaço e do tempo. Tal situação era evidente para nós, na medida em que uma situação difícil ou uma doença não detêm uma realidade em si mesma. O que existem são pessoas que, de forma singular, possuem modos de vida e potenciais diferentes, assim como desordens particulares.

Foram resultados espetaculares que nos encorajaram rapidamente. Frequentemente imprevisíveis, às vezes, totalmente inesperados, só podiam mesmo nos surpreender!

O impacto desse novo saber repercutiu rápidamente nas pessoas com problemas diversos, que formaram nosso primeiro contingente de experiências. Postulávamos que uma doença ou outra preocupação maior dura tão somente o tempo de mudar as possibilidades futuras desejadas pela pessoa interessada, modificando seus projetos, vontades, desejos. *Uma mudança de pensamento na fração de um segundo devia, então, criar numerosos potenciais de equilíbrio em um tempo acelerado, cuja síntese instantânea, em nosso tempo, seria determinante de um restabelecimento rápido, de aparência milagrosa.* Ao contrário, não levar isto em conta só produziria complicações certas, mesmo se tratamentos adequados pareciam trazer, momentaneamente, um aparente equilíbrio.

Em todo caso, não parece difícil reorientar nossa vida para verificar, pelo equilíbrio, que nosso mal não é incurável. Viver desdobrado no tempo revelaria ser, então, uma excelente solução. *Um "duplo" experimenta rapidamente nosso futuro e, através de aberturas imperceptíveis entre os dois tempos, trocas permanentes de informações nos colocam no bom caminho. Porém, para ir na direção certa, é necessário saber porque vivemos obrigatoriamente a dois em dois tempos diferentes. É também indispensável se deixar guiar por esta outra parte de nós mesmos que, desde muito cedo, temos aprendido a ignorar.*

Antes de tudo, é reencontrando o princípio vital de troca de informações com nosso "duplo", durante nossos sonhos, que poderemos, enfim, conhecer o sentido e o alvo de nossas vidas e encontrar o equilíbrio capaz de nos conduzir a esta realização. De fato, esta fase mal compreendida do nosso sono nos faz viver em um tempo diferente do nosso. É o que sabemos, através de múltiplas experiências. Um sonho de um milésimo de segundo pode as vezes desencadear uma história interminável. *Porque essa longa vida, "alhures", não nos permitiria viver bem, reencontrando, da forma mais rápida possível, um equilíbrio?*

3 OS SONHOS E AS ABERTURAS TEMPORAIS

Nosso corpo é concebido para receber
informações vitais através dos sonhos
durante um período bem particular denominado de
"sono paradoxal".

Os sonhos são essenciais ao equilíbrio da vida.

O sono paradoxal não é certamente o único momento – as aberturas do tempo estão a nossa disposição permanentemente - mas é o mais importante. Os sonhos não são fantasias. Eles são essenciais e a sua supressão após um certo tempo conduz à morte a curto prazo.

Se um rato é privado de sonhar, mesmo alimentado e dormindo à vontade, ele morre no prazo de dezenove dias. Experiências realizadas em laboratórios evidenciaram que, antes de morrer, estes infelizes animais apresentavam estresse, perda de pelos e queda de suas defesas imunitárias.

Com a supressão pouco a pouco do sono paradoxal, uma doença genética – a insônia familiar fatal – determina a morte humana no prazo de vinte meses. Uma doença ou uma droga que suprimisse esta fase vital - o sono paradoxal - de nossa vida cotidiana nos conduziria à morte num prazo inferior a dois anos. Todos os mamíferos sonham, durante um tempo maior ou menor. O gato doméstico é um campeão do sono paradoxal, já que pode vivenciá-lo durante quase duzentos minutos, bem mais do que é capaz o gato selvagem. O gato doméstico, demonstra a importância da segurança de um "dono-mestre" cuidadoso para prolongar a duração dos sonhos.

Cento e dez minutos para trocar as informações

O homem sonha durante um período cíclico de cento e dez minutos.

Graças aos eletroencefalogramas, sabemos que quatro fases inter-mediárias separam o despertar do sono paradoxal. Este último período corresponde bem a uma troca de informações, pois os ritmos registra-dos são parecidos com os observados no estado de vigília. Notamos, mesmo, que esta surpreendente atividade intelectual é muito mais in-tensa do que a que acontece quando estamos acordados. De fato, trata-se de algo *paradoxal, de onde origina o nome desse tipo de sono.* Entretanto, ela não permite o mínimo movimento; somente a vida ve-getativa persiste. Tal atividade intelectual determina uma mobilidade extrema dos olhos sob as pálpebras que está na origem do nome ame-ricano para este tipo de sonho: R.E.M. *(rapid eyes movement).*

Este curioso período do nosso sono se explica, de maneira perfeita-mente lógica, pela necessidade de trocas de informações entre tempos diferentes. Porém, sem controle nem modo de utilização, como saber se as informações obtidas são as melhores?

Quantas dores de cabeça, nevralgias, alergias, raivas, mal-estares diversos mais ou menos estressantes – freqüentemente classificados nas listas incompreensíveis dos problemas psicossomáticos - são con-seqüências de trocas negativas informacionais!

Ter sucesso sem buscar compreender

Uma única boa troca pode devolver as informações capazes de re-colocar ordem nessas desordens celulares. Mas como ser bem suce-dido nesta tarefa se não controlamos absolutamente nossos sonhos?

Nosso duplo está a nosso serviço e simplesmente o ignoramos. Ele apenas aguarda a nossa boa vontade para nos transmitir os melhores instintos de sobrevivência.

Quando conversamos por telefone, sabemos que um interlocutor nos escuta, pois ele nos responde. Quando ninguém atende, um sinal ou uma secretária eletrônica nos informa. Sabemos que existe uma técnica embora sem conhecê-la. Uma simples informação é suficiente para utilizar o aparelho de nossa escolha.

O mesmo acontece com as aberturas temporais. Podemos saber quem tira o fone do gancho, quem nos ouve, quem nos responde. Temos sinais de referências para não sermos incomodados por nada, para irmos ao essencial ou para demorar, segundo nossa vontade. Eles são suficientemente simples para não serem esquecidos: estando no presente, nossas comunicações vitais podem se estabelecer em direção ao futuro obscuro ou rumo ao passado luminoso. Como um equilibrista, tentamos permanecer sobre o nosso fio, graças a um bastão que seguramos nas mãos. Uma idéia qualquer pode desencadear, imediatamente, uma experiência no futuro. Nosso bastão se inclina, de forma instantânea, na direção das trevas.

Quando estamos morrendo de sede num deserto, podemos beber a água repugnante de um poço sem precisar fazer a menor reflexão filosófica ou científica a respeito. Mas se estamos em um lugar civilizado, saciamos a nossa sede de uma maneira mais agradável e menos nociva. Neste caso, estudamos a água e a sua influência em nosso organismo para viver melhor. Extraímos esse líquido indispensável em sua fonte, nas melhores condições, sem esquecer de desenvolver as estações de purificação. Buscamos, assim, controlar nosso equilíbrio e saúde através da análise de um princípio vital: a água.

Da mesma forma, em caso de urgência no deserto de nossos problemas, uma informação pode chegar das aberturas temporais, trazendo-nos uma idéia salutar. Entretanto, informações inúteis ou perigosas vindas de outros tempos podem nos permitir sobreviver, porém maltratando-nos. *O problema é saber reconhecer de onde vêem as informações para a tarefa de evitá-las, triá-las e purificá-las de todo perigo, com a finalidade de conservar ou reencontrar nosso equilíbrio.*

25

Assim, seremos capazes de controlar outro princípio vital: a informação do futuro. Este é o controle que nos traz equilíbrio.

Esta afirmação – a priori pretensiosa, mas plena de esperança – foi colocada à prova, rapidamente.

4 RESULTADOS ESPETACULARES

O exemplo de Sabrina

Sabrina, linda garota de dezesseis anos, sofria de fibrose cística. Essa doença, considerada "genética", termina obstruindo as vias respiratórias. Ela só tem duas saídas conhecidas: o transplante de pulmões e do coração – com o pesado tratamento pós-operatório – ou a morte após um curto tempo.

Colocando em prática desde a primeira noite tudo o que lhe ensinamos naquela mesma manhã, essa jovem viu a sua doença regredir de maneira espetacular, em algumas semanas.

Qual teria sido o novo saber envolvido nesta performance tão eficaz?

É justamente o que queremos facilitar que você descobre para que possa encontrar, rapidamente, um equilíbrio salutar. Desta forma *você poderá melhorar seu próprio futuro e, consequentemente, o nosso, pois poderemos também nos colocar dentro de um potencial coletivo diferente.* Pouco a pouco nos afastaremos de graves perigos planetários, modificando os futuros da Terra, para o benefício de todos, o nosso em primeiro lugar. Nosso objetivo é, assim, bem egoísta já que sem essa modificação, a sobrevivência da humanidade ficará gradativamente mais problemática, para não dizer impossível, dentro de pouco tempo – pois vivemos, de forma inconsciente, com o peso de uma infinidade de futuros potenciais coletivos excessivamente perigosos. Todos os sinais de alerta climáticos, magnéticos, térmicos, tectônicos, planetários, solares, galácticos encontram-se no vermelho. Paradoxalmente, esta situação não nos preocupa muito.

Trata-se, então, de fazer a triagem destas potencialidades, aprendendo a receber informações do nosso " duplo", e não duvidando da sua existência.

Quando o telefone toca você o utiliza, sem precisar saber como ele funciona. O que lhe interessa é falar com o seu interlocutor. Ou seja, retornando ao nosso caso: depois de ter obtido, durante o sono paradoxal, as informações salutares do seu "duplo" através das famosas aberturas temporais, Sabrina, a jovem que padecia de uma grave doença, não tinha mais necessidade do fisioterapeuta: as mucosidades que invadiam regularmente seus pulmões tinham desaparecido. Seu pneumologista a recebeu em consulta apenas para confirmar seu surpreendente bom estado de saúde. Seus resfriados habituais, que lhe ocasionavam bronquites catastróficas, tornaram-se benignos.

Uma regra simples

O que ela tinha feito? Guiar seus sonhos? Impossível, pois perdemos toda possibilidade de controle durante o sono. Por outro lado, é fácil controlar nosso processo de adormecer. E é justamente esse controle que, antes de tudo, permite obter a troca de informação desejada.

Não importa se não nos lembramos disto, pois nosso corpo recebe as indicações que lhe permitem desenvolver melhores instintos de sobrevivência. Pouco a pouco e, às vezes, até rapidamente, ele próprio nos fará saber.

Assim, alguns dias depois, Sabrina nos telefonou. Ela queria compartilhar conosco a sua intensa alegria.

— "Depois de alguns dias — ela disse, eu li um romance apaixonante, e ontem a noite, minha emoção era tão forte que eu chorei como uma criança. Que grande surpresa! Minhas lágrimas não são mais tão salgadas!"

Ela sabia que uma característica inevitável da sua doença é o aumento da salinidade das lágrimas e do suor.

28

— " Então — ela prosseguiu, eu rapidamente passei a língua no meu braço. Podem acreditar que minha pele não tem mais aquele gosto salgado! E o melhor, foi o sonho que eu tive esta noite: eu não lembro mais dos detalhes mas eu sei que estou curada. Eu não saberia lhe dizer nem porque nem como, é uma certeza, simplesmente."

Depois disto, ela seguiu esperando a confirmação desta impressão, deixando o tempo passar, mas consultando regularmente seu médico.

Entretanto, é indispensável compreender que a pele salgada não é uma consequência dessa doença. *Na realidade, trata-se da atualização de um futuro potencial perigoso, mal memorizado, que é capaz, por si só, de provocar uma doença grave.*

— "Porque você tem medo dos tubarões?" indagamos à Sabrina, logo no primeiro minuto de uma entrevista posterior.

Ela se volta para sua mãe: — "Porque você disse isso a eles?

— Mas não foi eu!" protesta sua mãe, também surpresa.

Uma de nossas repentinas intuições tinha revelado que ela tinha esse medo doentio. Esse novo saber permite, de fato, desenvolver um diagnóstico intuitivo que rapidamente nos conduz ao caminho do equilíbrio procurado. Isso só é uma proeza para quem ignora o princípio vital subjacente.

— "Não me diga que ninguém lhe falou sobre minha fobia dos tubarões? interroga Sabrina.

— Porque você duvida da realidade das intuições? O mundo animal por instinto utiliza esse 'sexto sentido'. Premonições lhe permitem evitar ou antecipar situações desagradáveis e sobreviver a cada instante, da melhor forma possível. Elas colocam em movimento o seu melhor potencial sem saber que é uma aplicação, na realidade, de uma propriedade fundamental do organismo, que o homem moderno esqueceu completamente. Porque não reaprender esta função, para utilizá-la no cotidiano?"

Revelado de uma maneira nem paranormal, nem anormal, mas de um modo que todas as pessoas deveriam explorar, esta fobia dos tubarões revelava o lado mais intrigante de Sabrina.

— "Como eu moro na Côte D'Azur, eu ia frequentemente à praia, sem nunca colocar os pés na água, nem mesmo na areia molhada. E se alguém me forçava a fazê-lo eu gritava, mesmo incomodando todo mundo", respondeu Sabrina.

Parece lógico estabelecer uma ligação entre uma doença que deteriora os pulmões, esta aversão pelo mar, e os golfinhos, nos quais os órgãos respiratórios são, por assim dizer, "mucoviscidosados" desde o nascimento.

— "Você sabe que, para esses animais, o medo dos tubarões é inato?

— Eu sinto este medo também desde a minha mais tenra idade, disse ela.

— Quando em grupo, os golfinhos atacam seus perigosos predadores, os tubarões, perfurando, com seus narizes seus fígados, enquanto eles se movimentam com grande rapidez, respondemos.

— Porque ?

— Eles produzem, através da transpiração, um elemento químico, que provoca a salinidade de suas peles.

— Como a minha! exclama Sabrina, fazendo a possível ligação entre ela e esses peixes.

— É uma característica conhecida dos biólogos. Este suor tem uma função de diminuir as fricções com a água do mar. Pensamos que o ser humano pode resgatar um saber instantâneo em uma memória aquática coletiva. Isso não ocorre sem perigo, pois esta atualização sem controle pode, às vezes, — e trata-se do seu caso – se tornar uma enfermidade mesmo mortal."

Uma parte do nosso cérebro, denominado límbico, memoriza efetivamente os perigos passados para evitá-los, instintivamente.

— " Se eu entendi direito, diz Sabrina, eu provoquei minha doença, extraindo, de uma passado remoto, uma lembrança 'aquática', que teria criado em outro tempo, um futuro perigoso?

— Sim, e sua vida atualizou esse perigo potencial. Somente o seu 'duplo' podia organizar esse futuro durante uma troca de informação.

Através de um novo equilíbrio, o seu corpo lhe faz saber que as informações obtidas são excelentes.

— Neste caso, o presente não seria mais que o retorno de um futuro que eu teria criado pelo passado.

— Digamos que seria uma atualização! Um retorno faz pensar, de forma equivocada, numa predestinação. Você descobrirá que tudo isso é perfeitamente verdadeiro e que é possível, sobretudo, compreender a verdadeira natureza do tempo e suas conseqüências vitais para o seu organismo."

Extrair as melhores informações

O novo estado de saúde de Sabrina fez desaparecer a sua aversão ao mar. Um dia, com sua mãe, ela conseguiu nadar uma grande distância, sem apreensão. Um bando de golfinhos se aproximou a uma centena de metros. Ela foi invadida por uma felicidade intensa, que fez desaparecer suas angústias, aparentemente irracionais. Não teria ela conseguido captar uma informação ligada a esses mamíferos marinhos, que logrou apagar de sua memória futuros potenciais inúteis e angustiantes?

Nós temos a possibilidade de antecipar uma ação, memorizando situações futuras desagradáveis, para poder evitá-las. Neste sentido, é necessário perceber e modificar o futuro antes de vivê-lo, o que solicita a compreensão do mecanismo desta percepção.

Não será este o objetivo de uma clarividência bem sucedida?

Mal dirigida, essa memória de um futuro possível pode determinar um desequilíbrio, se a pessoa ver, nela, uma realidade inevitável, que já a perturba de maneira antecipada. Utilizada com discernimento, ela permite ao nosso corpo eliminar os potenciais inúteis ou perigosos. Nós temos a capacidade de extrair as melhores informações, durante nossos sonhos. Então, numa primeira fase, o único problema consiste na tarefa de assumir a maestria dessa parte do processo do sono.

Sabrina compreendeu bem este processo, e a evidência é a sua própria cura. Ela queria conhecer o processo biológico envolvido.

— "O medo injustificado de um tubarão pode dar às suas células inúteis a possibilidade de sobreviver e de perturbar o seu organismo. A salinidade da pele não interessa ao homem. Quem, por medo, acionaria esse mecanismo, poderia sofrer os efeitos negativos do processo necessário à sua criação. O efeito aparente de uma doença como a sua é, na verdade, uma causa que poderia ter a sua própria origem num futuro potencial mal memorizado."

Nossas células desaparecem quando se tornam inúteis ou perigosas. Assim elas são programadas. Se um distúrbio qualquer impedir sua autodestruição, algumas delas poderiam se desenvolver de maneira anárquica, parasitando todo o corpo, sem dificuldade passando de um órgão a outro.

— " Como eu pude desenvolver esse medo de tubarão? ela indagou-me.

— O meio 'aquático', onde se banha e se desenvolve o feto, pode despertar uma memória inútil, ligada aos golfinhos ou aos tubarões, gerando um medo injustificável. Neste caso, a mucoviscidose é uma doença da memória perfeitamente reparável; não uma desordem genética incurável. Nesse tipo de patologia, as células perturbadas por uma má memorização, não sabem mais se elas são úteis ou perigosas para o organismo. Chamada de 'apoptose' (morte celular programada), essa autodestruição, então, se torna problemática."

Um câncer que desaparece

Não estaria aqui o caso das células cancerosas?

Uma informação em relação a inutilidade dessas células deveria provocar a sua desaparição. Entretanto, o sono é, justamente, a fonte natural dessas informações benéficas. Ele nos faz viajar do futuro ao passado, colocando-nos, muitas vezes, em situações difíceis. No entanto, a sua função é a de nos proteger.

32

Uma pessoa doente, em estado grave, nos trouxe uma confirmação a este respeito. Após ter sofrido um câncer no seio, uma mulher de cinqüenta anos, viveu uma recidiva, desta vez no intestino grosso, que pode rapidamente levar à morte.

— " Uma biópsia confirma um diagnóstico muito preocupante, nos informa o seu marido. O tumor maligno é tão grande que a oclusão intestinal é quase certa. A operação está confirmada dentro de uma semana. É nosso oncologista que nos enviou a você."

Havíamos afirmado a esse médico que cada pessoa tem, em si, a possibilidade de resolver um desequilíbrio qualquer. Ele queria colocar à prova essa afirmação, que ele considerou certamente muito pretensiosa, com este gravíssimo caso.

Essa mulher estressada nos escutou e por não ter nada mais a perder, voluntariamente aceitou seguir, ao pé da letra, nosso ensinamento.

Oito dias mais tarde, o exame tomográfico, previsto para a operação, foi realizado.

— "Ele não mostra nenhum tumor, disse o marido, atônito. Entretanto, o cirurgião quer operá-la. O que minha mulher deve fazer?

— Continuar a fazer o que lhe ensinamos e deixar ao cirurgião o cuidado de seguir suas melhores intuições."

Intrigado por esta descoberta inesperada, o cirurgião decidiu, apesar de tudo, realizar a cirurgia. Ele não podia agir de outra forma, simplesmente pela deontologia, frente a uma pessoa com perigo de morte. Mas, diante do ventre aberto, ele não fez mais do que constatar o desaparecimento do tumor.

Um ano e meio depois da operação, sempre intrigado, o oncologista perturbou profundamente essa mulher:

— "Uma remissão tão duradoura não é possível, disse-lhe o médico. Células cancerosas devem ter se desenvolvido novamente.

— Tenha cuidado, dissemos à esta mulher que, muito inquieta, nos telefonou. Esta afirmação desencadeia, necessariamente, perigosas possibilidades futuras. E se você as atualiza, elas podem se tornar mortais. Resolva as dificuldades como você resolveu aquelas que estavam na origem do seu tumor e siga, ao pé da letra, os conselhos do corpo médico!"

Ela consultou o seu cirurgião, que a submeteu a um exame do cólon.

— "A câmera detectou uma minúscula aspereza", ela nos disse ao telefone terrivelmente angustiada, colocando em dúvida a sua capacidade de encontrar um equilíbrio salutar.

Contudo, após a biopsia, o exame revelou absolutamente nada.

O passado e o futuro à serviço da vida

Certamente, parece difícil afirmar que um equilíbrio reencontrado, em apenas alguns dias, permite restabelecer, tão rapidamente, um corpo maltratado por uma longa doença. No entanto, se o passado e o futuro estão, simultaneamente, à serviço da vida, nada é impossível. Aprender através de uma teoria rigorosa que, na nossa memória, o futuro está tão presente quanto o passado, não é difícil, dado que este conhecimento é inato. Ele é mesmo vital. Para sobreviver, todo recém-nascido o possui e o utiliza sonhando, tanto quanto pode, de noite e de dia.

Isto significa que o sono nos libera dos desequilíbrios da vida, curando-nos de nossos males? Isso seria bom demais. Veremos que os sonhos podem levar-nos a modificar o nosso futuro e, consequentemente, a transformar o nosso presente. É essa modificação que nos equilibra ou nos prejudica.

Desejar a cura de uma doença, de um amor ou equilibrar uma conta bancária, ao mesmo tempo conservando a nossa rotina diária é uma ilusão, pois é a nossa maneira de viver e de pensar que desencadeia o nosso desequilíbrio e somente nossa maneira de viver e de pensar pode recolocar ordem na nossa desordem. Contudo, saber com certeza que o futuro preexiste no nosso presente, obriga-nos a controlar e modificar o nosso futuro, antes de "atualizá-lo" no nosso presente.

Os sonhos são essenciais à vida

Esta descoberta revolucionária sobre as propriedades do tempo torna os nossos sonhos mais importantes que a nossa vida. Não há nenhuma necessidade, inicialmente, de se lembrar de seus conteúdos, o que pode ser mesmo muito perigoso. O mecanismo do tempo lhe permitirá compreender o porque deste perigo, que pode transformar a vida em pesadelo, muito rapidamente. Na prática, a única coisa necessária é preparar-se para bem sonhar na noite, para muito bem viver no dia.

O espaço e o tempo não são concebidos para tratar os doentes, mas para evitar as doenças. A prevenção não seria feita para os futuros doentes que ignoram seus próprios futuros potenciais?

"A vida terrestre é uma doença mortal que enterra a todos", dizem os humoristas, constatando bem que os nossos problemas corporais acabam sempre insolúveis.

Contando demasiadamente com a nossa medicina ocidental, nos tranquilizamos com os cuidados e remédios alopáticos curativos, aguardando um estado suficientemente doentio para utilizá-los. Antigamente, os diagnósticos médicos, os oráculos, as previsões e as profecias prevaleciam sobre o conhecimento.

Com o progresso tecnológico, os médicos se apóiam em aparelhos. Não utilizando mais uma energia que nosso saber ocidental ignora, eles frequentemente reduzem nosso organismo à um aglomerado de partículas químicas que analisam, sem compreender a síntese.

Portanto, a física os ensina que a matéria é, ao mesmo tempo, corpuscular e ondulatória: as ondas permitem receber e emitir informações. O rádio, a televisão e o telefone utilizam o aspecto ondulatório da matéria; o nosso corpo também.

Uma perturbação no nível das informações vitais pode criar uma desordem. A ordem não pode retornar sem o desaparecimento desta "parasitagem". Ignorar tal realidade, contentando-se em cuidar da parte corpuscular do nosso organismo não é suficiente! Uma célula cancerígena emite ondas que não são as de uma célula normal. Não poderiamos pensar que a célula se comporta assim porque recebe informações que não são feitas para ela? Não é possível deduzir que a pessoa com câncer não procura as informações necessárias para sua sobrevivência? Ao modificar os seus pensamentos e os seus projetos, ela poderia criar e atualizar possibilidades futuras, capazes de propiciarem o seu restabelecimento.

Um ser humano é mais importante pelos seus potenciais que pela sua vida num lugar preciso onde é confrontado com vários tipos de dificuldades.

Casa à venda

Tomemos o exemplo de uma jornalista que colocou à venda a sua casa do campo, com uma necessidade urgente de dinheiro. Após duas semanas, nada, nenhuma procura!

— "Sabe da melhor?", ela nos pergunta ao telefone. "Um velho casal veio esta manhã. O marido visitando de um lado, e a mulher, do outro, nos disseram finalmente, que não tinham nenhuma intenção de comprar a casa, mas que a achavam linda. Que atrevimento! Uma perda de tempo para nada! Decidi fazer as malas!

— Porque não pensar que eles vieram para lhe dar uma informação, cuja importância eles desconhecem? Se acharam a casa magnífica, talvez seja para lhe dizer que ela pode ser vendida.

— É exatamente o que eles me disseram: a sua casa será vendida rapidamente.

— E você quer partir? Já lhe explicamos que os sonhos podem resolver muitos problemas ou deixar de lado as perguntas sem respostas, desde que saibamos escutar as suas advertências. Esta visita, aparentemente inútil, tem este significado. Permaneça na sua casa! Certamente você a venderá rapidamente."

Quantas vezes temos informações significativas que levamos muito pouco à serio. Verificaremos que são as consequências de um futuro organizado em nossos sonhos. "A noite contêm conselhos" é um ditado vital que, antigamente, sempre era colocado em prática, sobretudo em política civil ou militar, onde as decisões podem perturbar um eleitorado ou revolucionar um país inteiro. *Saber interpretar os sinais é uma necessidade de qualquer governo que deseja antecipar os melhores futuros. É, também, uma obrigação para quem deseja simplesmente ter uma vida em paz.*

Em função dos nossos conselhos, a amiga jornalista decidiu permanecer, até o dia seguinte. Recebemos um telefonema feliz, nesta mesma noite:

— " Adivinhem! É inacreditável. No final da tarde, um outro casal veio visitar minha casa. Animado, o marido me propôs comprá-la à vista.

— "Você está vendo?! Se não tivesse tido a visita do primeiro casal"...

— "Eu sei. Se eu tivesse ido embora, teria perdido esse negócio, pois o casal tinha a intenção de comprar, hoje mesmo, uma outra casa, antes de voltar para a Bélgica."

A sua espera foi recompensada e a sua sobrevivência financeira garantida.

Todas essas diferentes pessoas nos mostram a que ponto é primordial o controle dos nossos sonhos. Para reencontrar o equilíbrio perdido, todas elas utilizaram o sono paradoxal, não duvidando da eficácia de um bom adormecimento.

Saber que a solução encontra-se no final do caminho nos libera de toda angústia, permitindo-nos encarar o nosso futuro sem nenhum temor.

Isto é simples, mas não simplista

Uma pergunta aparece, então, em todos as mentes: o que fazer?

Utilizar uma técnica, uma ginástica, se banhar, cantar, dançar, caminhar sobre o fogo, consumir drogas, imobilizar-se, entrar em transe, pedir à Deus, ao Diabo, orar a todos os santos do paraíso, acender velas numa igreja...?

Na realidade, é muito mais simples e, sobretudo, sem perigo nenhum.

Inicialmente, é necessário controlar o seu adormecer, para beneficiar-se de uma noite enriquecedora. Nada é mais fácil do que controlar os próprios pensamentos, antes de mergulhar no sono! Este princípio simples era conhecido desde os primórdios dos tempos.

Cinco séculos antes de Cristo, os Pitagóricos[7] já afirmavam, no livro, *Os Versos de Ouro*: "Habitua-te a dominar o seu sono... Não acolha o sono sob a doçura dos teus olhos, antes de ter examinado cada um dos teus atos do dia."

Simples, é certo, mas atenção, não é simplista!

Efetivamente, cada um utiliza esse princípio vital, mesmo sem conhecer os seus mecanismos. Assim, estamos todos no oposto do objectivo de nossas vidas, e nossos corpos ou nossas mentes se degradam muito rapidamente.

O dia nos apresenta problemas que podemos sempre resolver dormindo, à noite. Preferimos complicar esta constatação simples, para esconder a nossa inteira responsabilidade por nossas perturbações e desequilíbrios.

O único problema é o de saber controlar um sono que parece nos entregar no âmago de uma inconsciência incontrolável. Ora, este controle é totalmente natural. O bebé o efetua sem refletir. É o resultado que, às vezes, nos surpreende imensamente e nos faz duvidar dos bons fundamentos deste mecanismo noturno.

Um executivo muito eficiente despedido, pelo seu duplo, para seu próprio bem

Certa vez, confiando em nosso ensinamento, um casal esperava uma solução para um dos seus problemas. O marido não tinha nen-

---

[7] "Os Versos de Ouro", Pitágoras (nova edição Adyar).

huma preocupação profissional. Embora pouco atraente, a sua situação era estável e, sobretudo, muito confortável. Além disso, tendo conquistado um extraordinário desempenho comercial, ele aguardava uma promoção muito rápida. Após ter participado de uma formação, ele pensava que a aplicação do nosso ensinamento amplificaria, ainda mais, uma justificada recompensa. Desta forma, ele efetuou ao pé da letra, toda a nossa orientação.

Dois dias depois, chamado ao escritório do seu patrão, ele estava feliz, pleno de uma esperança legítima. Depois dos cumprimentos habituais e de um curto discurso, eis que ele recebe um cheque de despedida, e se vê, mudo, no meio da rua. Após este violento choque, a sua mulher nos telefonou, furiosa:

— " Se é isso o resultado do seus aconselhamentos, parabéns!"
Entretanto, mais calma depois do diálogo que travamos, ela decidiu esperar os acontecimentos, tendo recuperado alguma confiança.

— "Qual o risco você corre? Continue a controlar seus sonhos! Você queria a melhor solução aos seus problemas. Quem sabe que ela não se encontra já, diante de seus olhos estupefatos?"

A solução final foi além de suas esperanças mais malucas.

— "Eu nunca, disse o seu marido, teria ousado pedir demissão, sobretudo dentro do contexto atual. No meu setor, o desemprego é dramático. Então, agora, por causa de meu licenciamento, mudamos para o sul do país. O nosso sonho era deixar a capital. E tudo se encaixa muito bem: tenho um salário da mesma ordem e a vida é mais barata!"

Fim das angústias

O controle das aberturas temporais muda nossas noites, assim como nossa vida. Além disso, é o único meio eficaz de não ser mais angustiado ou deprimido, perante uma situação delicada, com a condição de saber porque e como proceder. Efetivamente, saber que o amanhã será melhor que hoje, só pode trazer alegria ao coração. O estresse desaparece bem como as doenças que ele desencadeia, de maneira repentina e sempre perigosa.

Através da ciência, que nos prova que a diferenciação dos tempos existe, não temos mais pretexto para nos queixarmos ou nos esconder-mos da realidade. Cabe à nós mesmos saber o que faremos dos nossos dias e das nossas noites. Conduzir a sua vida, a família, o próximo e mesmo um país pode se realizar, sem medo do amanhã. Trata-se de não temer mais o que nos impede de caminhar, impondo-nos um futuro potencial coletivo que não é feito por nós, nem para nós.

5 NADA DE ACASO, NADA DE PREDESTINAÇÃO

Ligado a um ciclo solar – e ao movimento dos planetas dependendo deste ciclo – nosso desdobramento nos faz viver corporalmente em dois tempos diferentes, nos dando, sem que o saibamos, a possibilidade de antecipar nosso melhor futuro.

O corpo energético

Nosso desdobramento é, também, o do tempo e do espaço onde desejamos viver. Nosso "duplo" não é o corpo astral ou etérico, sobre os quais alguns falam. Trata-se, realmente, de um outro nós mesmos. O corpo observável explora o espaço em nosso tempo; o outro, totalmente imperceptível, viaja nos diferentes tempos do nosso desdobramento.

Podemos dizer, de maneira esquemática, que um corpo energético informa nosso corpo físico. De fato, nosso organismo possui uma característica comum a todo o universo: uma partícula qualquer emite e recebe ondas. Os físicos falam, então, do carácter ondulatório e corpuscular da matéria.

Todos sabemos que as televisões transmitem sons e imagens através de ondas, que variam de acordo com suas frequências. Se você lança um pedra na água, uma onda circular se movimenta. É a onda da pedra. Quanto maior a pedra, mais importante a onda.

As ondas transportam as suas informações. Assim, uma pedra pode dizer ao pescador: "Sou grande, veja como seu barco balança!" Uma onda pode deslocar-se e dar, assim, uma informação através dos seus

41

círculos. Você não vê um navio ao longe, mas sobre o mar calmo onde deriva o seu barco, uma onda enorme chega, despertando-o.

As ondas se cruzam, deformando ou não as informações iniciais. Seu barco pode receber, ao mesmo tempo, as ondinhas da pedra e a onda do navio. Dificilmente você suspeitará a respeito da existência da pedra. Entretanto, sem a pedra, a onda não teria sido a mesma.

As ondas podem acrescentar os seus efeitos: elas entram em ressonância. Uma ponte vibra, emitindo uma onda. Uma tropa marchando cadenciadamente pode aumentar esta vibração. Foi assim que, no passado, um desfile em Saumur destruiu uma ponte. Depois disso, uma ordem foi dada para deter a marcha sobre as pontes.

Como as aberturas temporais leva-os a navegarem sobre vários rios do tempo, a todo momento, o seu corpo é uma pedra num mundo e uma onda em outro. O pássaro sobre o seu galho vê a onda de uma pequena mosca sobre a superfície calma do lago. Ele adivinha que há um corpo imperceptível, pelo efeito ondulatório da água. Ele sabe que há um almoço bem consistente, sob seus olhos. Do seu lado, a pequena mosca pode captar os pensamentos ondulatórios do pássaro e o perigo que corre. Ela tentará, então, se camuflar.

Um organismo qualquer emite e recebe informações, para seguir vivendo. Feito de partículas materiais, ditas corpusculares, nosso corpo se beneficia, permanentemente, das trocas de informações do seu lado ondulatório. *Assim, podemos afirmar que dispomos de um organismo corpuscular observável no nosso mundo, e, de um corpo ondulatório, num outro, encarregado de emitir e captar informações vitais.*

Para simplificar, podemos dizer, em seguida, que o corpo energético é capaz de deslocar-se muito rapidamente e de retornar, justapondo-se ao corpo físico, com informações vitais que a água do nosso organismo veicula por toda a parte, possibilitando-nos viver. Mais rápidas que a luz[8], estas viagens alteram as nossas percepções, tanto quanto o nosso tempo de vida.

---

[8] Ver Anexo 1.

42

Dentro de um carro que viaja a cento e vinte quilômetros por hora, uma paisagem de um quilômetro é visível durante um minuto. À velocidade da luz, ela é visível apenas durante uma fração de milionésimo de segundo, tornando-se, praticamente invisível. *Do mesmo modo, o nosso regresso é tão imperceptível quanto a nossa partida; cada instante permite a atualização instantânea de futuros possíveis desencadeados por nossas perguntas, antes da viagem de nosso corpo energético.*

A criação e atualização dos futuros é uma segurança

Portanto, jamais há predestinação, pois um futuro pode substituir um outro, instantaneamente.

Também não há lugar para o acaso, porque o presente é apenas um futuro potencial já vivido mais rapidamente em algum lugar que atualizamos em nosso tempo de nossa existência. O nosso corpo é feito assim: para sobreviver, ele recolhe do futuro as informações que ele pode captar no seu presente.

Esta "atualização instintiva" é pessoal. Ela depende de cada um de nossos projetos. Acreditar que um futuro é possível o transforma, sempre, em fato. Pensar que ele é impossível, o suprime. Acreditar que nossa crença é boa nos faz sempre obter, uma prova de que ela é digna de fé: na realidade, apenas atualizamos um futuro potencial que a nossa fé – ou a do nosso ambiente – tinha criado no passado.

Uma atualização qualquer só será possível se desejamos, num momento dado, um futuro bem específico, já existente. Entretanto, ela é obrigatória, pois nossa sobrevivência depende, a cada instante, de futuros disponíveis. Sem esses futuros, nosso presente se torna impossível e morreremos, porque nosso corpo precisa de instruções permanentes do futuro que, em conjunto, forma nosso instinto de sobrevivência.

Contudo, nosso duplo deve selecionar nossos futuros, antes que nós os atualizemos. Ele conhece as nossas questões. Só ele é capaz de

43

saber se os potenciais que criamos para ele, num tempo acelerado, se referem ou não às nossas respostas. Ele possui ele também um corpo energético, capaz de deixar o seu corpo físico, para ir buscar as informações vitais, nas aberturas de seu tempo.

A vida a dois

Somente as trocas dos nossos corpos energéticos permitem saber se estamos no caminho certo, e a noite é feita para realizá-las. Elas são indispensáveis para viver bem. Você sabia fazê-las no seu nascimento, porque ninguém na Terra tinha ainda lhe desinformado a respeito. Você pode refazê-las com sucesso, reencontrando a sua inocência da criança. Rápidas demais para serem perceptíveis, essas trocas nos permitem prever um futuro perigoso, mas apaixonante, evitando totalmente uma predestinação que aparentemente protege, mas é asfixiante. É o objetivo da aceleração do tempo, que elimina a possibilidade de memorizar, no tempo normal, os detalhes de uma vida rápida demais.

Ora, controlar o futuro é uma necessidade fundamental antes de qualquer ação, seja ela instintiva ou profundamente refletida. Saber efetuar sempre este controle permite manter um perfeito equilíbrio, qualquer que seja o problema encontrado. Ignorá-lo provoca desequilíbrios que, com o tempo, podem se tornarem mortais.

Este desdobramento em dois tempos diferentes traz um princípio vital, que todos nós utilizamos, sem o saber, para sobrevivermos. O melhor é conhecer bem esse princípio para viver despreocupadamente, e, sobretudo, sem medo do amanhã.

O nosso duplo

Este ser que nos desdobra não nos é totalmente desconhecido. Alguns o vêem como um guia ou um anjo evoluindo num mundo misterioso. Muitos crentes rezam para ele, pensando que estão se dirigindo a um Deus, mestre de um paraíso maravilhoso. Outros preferem acreditar em uma consciência inata ou num inconsciente coletivo ligado ao passado ou ao acaso da evolução, que nos conduz ao esquecimento ou ao repouso eterno.

Sorte ou azar, Deus, Diabo, acaso ou predestinação, todos tem razão, ninguém está errado, porque este outro eu é a nossa ligação com a imortalidade, uma parcela criadora num tempo diferente do nosso, num "além" de nossas percepções habituais, isto é, num invisível perfeitamente real.

O tempo tem, com efeito, a particularidade de se desdobrar, tornando-se mais lento e se acelerando, afim de se colocar à serviço de quem explora um espaço. O escoar do tempo tem apenas uma aparência de continuidade.

Assim, o nosso presente é uma atualização permanente de futuros potenciais, que não solicitam nenhuma reflexão: não temos necessidade de refletir tanto para andar como para comer, digerir, ver, entender, sentir, transpirar ou respirar, assim como para pensar, querer ou desejar um futuro, conforme com os nossos desejos do momento.

Otimizar os possíveis futuros

Devido à diferenciação dos tempos, o inconsciente é, na realidade, um consciente memorizável, mas em momentos tão rápidos que ele parece sempre fora da consciência. Entretanto, ele modifica nosso presente de forma instantânea. Apenas sabendo utilizar o nosso desdobramento, ligado ao do tempo, é que poderemos otimizar as nossas possibilidades futuras, mantendo nossa liberdade para agirmos, segundo nossa vontade, no cotidiano. *Pois somente as informações originadas dessas "aberturas temporais" imperceptíveis, permitem melhorar nosso presente. Elas são sempre tão rápidas que nos chegam na forma de intuições, sugestões e premonições.*

Nosso corpo é obrigado a seguir essas informações, para obter um instinto de sobrevivência permanente.

Quando as ignoramos, sofremos e desenvolvemos um estresse, com o seu cortejo inevitável de preocupações e de angústias, que determinam desordens físicas ou psíquicas.

Quando as seguimos, podemos identificar anteriormente os problemas, atuando preventivamente com relação às soluções, encontrando os projetos úteis ou indispensáveis e abandonando outros, sem lamentações. Jamais prejudicando as liberdades alheias, elas nos permitem construir um futuro potencial agradável, com o aperfeiçoamento de nossos projetos. Enfim, melhorando nossos resultados e, sobretudo, oferecendo um objetivo preciso a cada instante de nossas vidas.

Com esse conhecimento, não deveríamos nunca esquecer que, na Terra, dispomos, ao mesmo tempo, de uma energia eterna e de um receptáculo corporal provisório e mortal, desta energia. O equilíbrio do espírito só é possível com o equilíbrio do corpo, um implicando no outro. Restabelecer-se com um conjunto de instrumentos médicos científicos disponíveis ou resolver um problema bancário, são necessidades tão fundamentais quanto a de aliviar um estado de stress, de angústia ou de depressão.

Ora, isso só é possível e definitivo quando sabemos recolocar nossos pensamentos nos trilhos, para suprimir as desordens causadas por um desequilíbrio esquecido. *Não se trata de reencontrar ou de recordar-se das experiências passadas, mas de suprimir rapidamente, se possível de forma instantânea, as conseqüências de um passado inadaptado ao nosso organismo, antes que estas voltem a ferir mortalmente o nosso corpo ou o nosso espírito.* Sem o possível controle de nossas intuições e instintos, este retorno perigoso de um potencial esquecido é inevitável.

6 NÃO É NECESSÁRIO SER SÁBIO!

*Este princípio universal do desdobramento, tão vital
quanto o beber e o comer, nos ajuda a encontrar
e estabilizar um equilíbrio saudável.
O que é preciso para utilizá-lo?
Quase nada: um lugar para dormir
e instruções para adormecer bem. Os sonhos noturnos
permitem colocar ordem em qualquer desordem.*

Para viver feliz, um bom sono!

Nada mais simples e mais verdadeiro. Todos nós, um dia ou outro, já encontramos alguém capaz de eliminar verrugas, curar pequenas queimaduras, fazer girar pêndulos, encontrar fontes de água, prever o futuro, reencontrar alguém desaparecido, recolocar uma articulação no lugar, impor as mãos para aliviar dores ou exorcizar demônios. Sem falar das curas ditas milagrosas, quantos cuidados se efetuam, de forma rápida e surpreendente? Apesar disso, a maioria das pessoas duvidam da realidade de tal energia, ignorando que nosso corpo necessita dela a cada momento, para sua própria sobrevivência.

No entanto, sentir-se bem ou recuperar o bem-estar é a nossa preocupação essencial. Como encontrar um equilíbrio físico ou mental, quando desconhecemos a causa do desequilíbrio? *Nós chegamos à Terra ignorando a origem mesma do tempo e da vida nesse tempo. Quem pensa que vivemos a dois de forma permanente, desde sempre?*

Não seria necessário, antes de tudo, tentar compreender a lógica da nossa existência temporal, a necessidade do dia e da noite, do sonho e do sono, antes de pesquisar as fontes do equilíbrio? Um pássaro migratório sabe que viver melhor consiste em aproveitar o tempo presente, ao mesmo tempo antecipando um futuro melhor, em outro continente. *Seu saber é instintivo, guiado por informações prévias que ele não esqueceu, pois nunca tentou conhecer a sua origem. Ele utiliza aberturas no interior de um tempo do qual aproveita o melhor possível, sem nunca pensar em demonstrar a sua existência. Um animal dorme sem jamais se colocar questões, despertando com as informações necessárias para sua sobrevivência.*

Nós, seres humanos, somos capazes de fazer o mesmo.

Quando a ciência e a natureza se encontram

A ciência nos permite compreender que " o Tempo" se divide, para que possamos supervisionar nosso futuro. Esta supervisão, entretanto, é tão rápida que dela nunca temos consciência. Sem saber, utilizamos os momentos nos quais nossos corpos nos fazem mergulhar na inconsciência. Algumas pessoas até buscam este estado em que a consciência se altera — no transe, na dança, no canto, na hipnose — para apreenderem o futuro.

Como o pássaro no seu ninho, o bebé constrói suas possibilidades futuras desde o nascimento, durante seus longos períodos de sono. Então, sem refletir, graças a uma fada que o desdobra, inclinada sobre seu berço, ele sabe encontrar o seio ou a mamadeira, bem como tudo que necessita para sobreviver nesta Terra. Esta fada protetora é bem real. O bebé sabe que ela é uma mensageira do tempo, entre ele e a outra parte dele da qual se separou ao vir para a Terra. Felizmente, ninguém ainda tem introduzido na sua mente que ele estava sozinho neste mundo e, sobretudo, que não era necessário sonhar, para saber lidar com a vida.

Depois disto, ignorando a importância dos sonhos, nossa civilização condiciona a criança a um mal estar, desviando-a do imaginário, acreditando no entanto estar educando-a nos melhores princípios de uma vida social.

Os sonhos e a vivência de tempos considerados como inconsciência, nos conduz a grandes e indispensáveis viagens, nas quais encontramos essa energia vital ligada ao desdobramento do tempo. Conhecida desde todo o sempre, mais poderosa que a bomba atômica, a aceleração fulminante do tempo nos fornece uma força acessível em todo lugar e em cada momento. Sem saber, nós a utilizamos no cotidiano. Entretanto, freqüentemente a desperdiçamos, fragilizando nosso potencial de sobrevivência, que será indispensável num outro tempo após a morte. Seu controle pode equilibrar nossa vida, abrindo-nos novos horizontes e transformando idéias, dogmas e preconceitos muito arraigados.

Ninguém precisa ser sábio!

Um terapeuta eficaz extrai, do futuro, o mal que nos consome. *Em seguida ele atualiza, no presente, o potencial de cura.* Que se baseie em rituais ou numa "força" que pressente, pouco importa! O que ele faz é atualizar, à sua maneira, um futuro disponível. É essa disponibilidade que conta, pois, sem ela, o equilíbrio torna-se impossível.

— "Nós saberíamos se isso fosse verdade!" dizem os incrédulos, deixando-nos na desordem daquilo que ignoram.

Estaríamos utilizando ainda a luz de velas, se ninguém tivesse admitido a realidade da eletricidade!

O que é vital, sabemos naturalmente, sem necessidade de ensinamentos! Os animais evidenciam, através de exemplos diários, que não sabemos mais decifrar. Preferimos passar o nosso tempo na ignorância, ao invés de nos conhecer. Não deveríamos muito mais nos fazer a pergunta seguinte: *quem se aproveita de nossa ignorância?*

Se vivermos atualizando futuros criados por outros mundos em outros tempos, como saber se esta atualização nos convém? Somente o nosso duplo é capaz de saber, por conhecer as nossas questões passadas que juntos fizemos, antes do nascimento. Se a cada noite não lhe pedimos para verificar os potenciais que construímos durante o dia, navegaremos dentro de um nevoeiro, atualizando futuros que não nos dizem respeito.

NÓS E O NOSSO DUPLO

De nada adianta compreender nosso desdobramento, se não o utilizarmos em nosso cotidiano.

1 PORQUE SE INTERESSAR PELO TEMPO?

Gostaria de explicar meu percurso, para minimizar
meu papel, rendendo homenagem àquele que nos presenteou —
à minha esposa e a mim mesmo —, todas as informações
necessárias para estabelecer
a teoria científica do desdobramento.

Um encontro excepcional e uma vida transformada.

Um movimento de desdobramento divide o tempo, para separar o presente do passado e do futuro. Esta propriedade científica me foi revelada por um ser excepcional, de uma sabedoria surpreendente. Ela é fundamental, pois permite explicar o universo, as forças em jogo e a necessidade de um único "Mestre dos Tempos".

— "Já que uma lei permite que o tempo se acelere em aberturas temporais imperceptíveis, para lhe propiciar um futuro potencial, disse-me ele um dia, você deve considerar o prolongamento desta lei, ou seja, que o seu tempo é acelerado nas aberturas de um tempo normal."

Essa idéia transtorna a vida completamente. De fato, isso significa que o nascimento nos teria trazido em nosso tempo, para fabricar futuros potenciais. A morte propicia uma saída, fornecendo instantâneamente a melhor resposta às nossas questões do momento. Nós estaríamos preparando nossos instintos de sobrevivência num "além" do nosso tempo.

— "Reflita bem!" ele continua. "A sua vida presente é o futuro possível de um passado real e atual, com todos os seus problemas do momento.

Entretanto, ela é, também, o passado real e atual de um futuro possível onde, —ainda neste mesmo momente, — se produzem soluções potenciais".

Levei algum tempo para compreender esta lei científica. Necessitei mudar completamente minha visão das coisas, para compreender que o passado, o presente e o futuro são três realidades simultâneas, transcorrendo em velocidades diferentes. Mas essa é uma visão feliz, pois a minha vida na Terra me permite atualizar, a cada instante, um passado ou um futuro potencial experimentado por outra realidade desdobrada da minha. Então, posso afirmar de uma maneira totalmente racional: eu era, sou e serei, simultaneamente, mas em diferentes tempos.

Um trabalho intensivo

Entretanto, faltava compreender o mecanismo dessa diferenciação dos tempos. Uma aplicação da teoria dentro do sistema solar me forneceu, rapidamente, a oportunidade de constatar a existência de um ciclo de vinte e cinco mil anos, capaz de realizar essa proeza[9].

Pensamos que utilizamos o tempo da melhor maneira quando, na verdade, ignoramos a sua riqueza criadora e sua formidável energia.

"Correndo atrás do tempo", "buscando tempo", "desfrutando bom tempo", "temendo o mau tempo", "ganhando tempo". O tempo faz parte do nosso cotidiano de tal maneira que supomos conhecê-lo. As horas, minutos, segundos, parecem correr de maneira imutável, como o dia e a noite que o nosso planeta engendra incessantemente, girando como um pião num céu infinito.

O passado parece ter findado atrás de um tempo que chegará no presente. Matemáticos, físicos e filósofos se debruçaram sobre o tempo, buscando decifrar os seus mistérios. De vez em quando, temos também tempo a perder e tomamos uma parte desse precioso tempo para tentar compreendê-lo.

---

[8] Ver Anexo 2.

Precisei de nove anos de trabalho intensivo, com noites em branco e dias demasiadamente curtos, antes de obter a tão esperada recompensa: o Tempo iria ser coroado com uma teoria universal, além do imaginável, explicando paradoxos e varrendo postulados, fornecendo, finalmente, sólidas certezas científicas aos nebulosos ensinamentos esotéricos ou às crenças ancestrais, empíricas, metafísicas, ou religiosas.

Em suma, graças à essas múltiplas informações "recolhidas", eu tinha tocado no essencial e, sobretudo, estava convencido de que era não apenas possível como também urgente irradiar esse saber, indispensável ao equilíbrio pessoal e planetário.

O fogo sagrado

O fundamental é sempre utilizado pelos seres vivos, mesmo que seja somente para sua sobrevivência. Eu sabia, agora, que ele foi feito para viver bem e queimava de vontade de dar, a todos, seu modo de utilização, pois, evidentemente, muitas vezes nós o utilizamos para viver mal.

Com o apoio de provas, inicialmente era necessário explicar, do ponto de vista científico, as causas e os efeitos de um ciclo solar conhecido desde a noite dos tempos e que agora finda. Isto se encontra na origem das graves desordens planetárias atuais.

As provas científicas

Causou-me espanto constatar que, além do restrito círculo científico, a desinformação era quase total. Então, cheguei a pensar que esta situação era desejada pelo mais alto nível dos responsáveis políticos e militares. De fato, a vontade de evitar o pânico permite governar de maneira mais tranqüila, embora menos saudável.

Mergulhando na astrofísica, para justificar as conclusões que me foram comunicadas em relação ao Tempo no Universo – e a sua relatividade devido ao seu desdobramento – descoberta após descoberta, minhas hipóteses foram confirmadas. Minha dificuldade, entretanto, se referia ao reconhecimento de conceitos tão novos. Um acadêmico deu risadas quando eu tentei, em 1989, explicar-lhe o que me faltava tempo para demonstrar.

Em janeiro do mesmo ano, ao prever uma perigosa explosão solar para o mês de março seguinte, alguém me indagou se meus cálculos não teriam sido feitos pela "Madame Sol", célebre vidente de uma certa época, hoje desaparecida.

O fim de um ciclo solar

A explosão fenomenal de 13 de março de 1989 silenciou os risos, sem despertar a curiosidade dos risonhos. Certas idéias chegam cedo demais, dizem os conservadores, assim justificando a falta de curiosidade. As do meu informador era revolucionárias demais e, sobretudo, tão surpreendentes quanto a sua existência.

Essa explosão marcava, efetivamente, o quarto de sete tempos que conduzem ao final do desdobramento dos tempos, que nossos ancestrais chamavam, de forma natural, "fim dos tempos". Se um ciclo solar separa os tempos em passado, presente e futuro – escoando simultaneamente – é natural falar de começo da separação dos tempos e do fim desses mesmos tempos.

Esse final se efetua em seis períodos de trinta anos, cada um começando e terminando por uma explosão solar[10]. Aproxima-se a "sétima cólera" do nosso sol, sem que o saibamos. Como foi o caso, em 1989, a explosão de agosto de 2003 foi ocultada pela imprensa. Entretanto, ela causou a mesma surpreendente pane de eletricidade, no Canadá e nos Estados Unidos. Suas duas réplicas, no mês de outubro, interromperam as comunicações de rádio durante vinte minutos e desencadearam uma aurora boreal visível no equador, nunca antes vista!

---

[8] Ver Anexo 2.

Quatro anos foram necessários, para uma admissão pública dos efeitos da explosão solar de 1989. Será necessário esperar eclodir a seguinte, para compreendermos a de 2003 que, infelizmente, aconteceu dezesseis anos antes do previsto, desta forma diminuindo, perigosamente, o potencial planetário de sobrevivência?

Pretender que sete marcantes explosões corresponderiam aos sete selos do Apocalipse de São João, nada resolveria. Trata-se no entanto de uma lei do espaço e do tempo que deveríamos utilizar a nosso favor, ao invés de simplesmente ignorá-la. Ousei dizer igualmente que, como nosso astro luminoso, as estrelas são sistemas duplos, dotados de planetas, que nossa galáxia possui um buraco negro no seu centro que imergiria no final de um ciclo e que a energia da gravitação se opõe a uma força de repulsão. Além disso, demonstrar que essa força de expansão representa 666 milésimos da energia do universo seria, talvez, demais. Esse número incompreendido pelos cientistas, que consta no Apocalipse de São João, contém marcas esotéricas!...

A antigravitação

Em 1998, finalmente algumas experiências me deram razão[11]. Uma energia desconhecida foi descoberta no universo e a sua observação permitia dizer que ela bem representava 66,6 % da energia total. Meu teorema[12], que se refere às três energias do desdobramento, foi aceito, finalmente. Contudo, a teoria ia bem mais longe, já que previa uma expansão do universo e a sua aceleração até o "fim (do desdobramento) dos tempos". Ora, tudo isso tinha sido observado desde 1999. Os telescópios tornaram-se meus aliados, que não paravam de descobrir planetas em torno das estrelas que se revelavam duplos (87 % na nossa galáxia[13]). O buraco negro no centro

---

[11] Saul Perlmutter e Brian Schmidt.
[12] Gravitação 33,3% - Antigravitação 66,6% - Equilíbrio 0,1%.
[13] Em 1960, com os telescópios da época, essa proporção era apenas de 10%.

de nossa Via Láctea não era mais colocado em dúvida. Senti um grande júbilo.

Porque eu?

Tudo o que eu afirmei, expus e publiquei foi observado, experimentado e confirmado. Será isto motivo para glorificar-me? O leitor há de compreender que eu sou, simplesmente, o seu embaixador, devendo permanecer, humildemente, no meu lugar. Cabe apenas a ele constatar as possibilidades, imensas e universais, oferecidas pela teoria do desdobramento. Certamente que não foi fácil, para mim, fazer aceitar tudo imediatamente, e particularmente o fato de que a informação se desloca mais rápido que a velocidade da luz.

Desde Einstein, isso tem sido um postulado intocável. Felizmente, o irracional está muitas vezes do lado das críticas não razoáveis! De fato, o ano de 2003 veio oficializar novas experiências científicas[14], evidenciando a precisão da minha demonstração: *a informação entre elementos desdobrados, ou a energia necessária para deslocá-la, se movimenta muito mais rápido que a luz*. A teoria do desdobramento, que alguns negavam sem mesmo tê-la considerado, por causa dessa conclusão supostamente impossível, novamente foi evidenciada e justificada.

Mais importante ainda: ela pode ser aplicada na concepção e formalização de robôs andróides. De fato, essas máquinas inteligentes, para serem eficazes e independentes, devem prever e memorizar os obstáculos, antes de enfrentá-los.

Com esta famosa propriedade do tempo, colocada rigorosamente em evidência, a memorização dos futuros potenciais torna-se cientificamente possível[15].

---

[14] Alain Aspect, 1982, N. Gisin, A. Suarez, 2002: *Experiências sobre a velocidade de correlação entre dois fótons emitidos simultaneamente de uma mesma partícula.*

[15] Isso junta-se à "hiperincursão" –noção ainda muito recente para ter repercussão no grande público de acordo com os cientistas que fazem pesquisa de ponta em cibernética e informática. A "hiperincursão" permite antecipar e memorizar um futuro sem o experimentar no presente (D. M. Dubois)..

Uma questão fundamental

Uma questão fundamental se impõe: não seria o ser humano o mais capaz dos robôs? Se uma importante propriedade do tempo – finalmente reconhecida oficialmente, pela comunidade científica e que o próprio Einstein tinha considerado, sob certo aspecto[16] – possibilita a independência de uma máquina, graças ao controle do futuro, por que o ser humano deixaria de utilizar essa faculdade de antecipação? Sem sabê-lo, sempre a utilizamos, mas de tal forma negativa que acabamos doentes, contribuindo para o desequilíbrio da sociedade e do planeta. É melhor saber utilizar-la para reencontrar o equilíbrio perdido!

Este princípio universal, que nos faz viver no futuro antes de qualquer ação no presente, é verdadeiramente indispensável e fundamental. Ele é inato à todos os seres vivos: um animal não raciocina - basta os seus instintos para mantê-lo vivo.

Graças a uma "intuição" bem particular, eu tive tempo de compreender o mecanismo desse mesmo tempo, antes de colocá-lo em aplicação na vida cotidiana.

---

[16] Einstein A., 1921, Princeton, *First of the Four Conferences (Theory of the Relativity).*

2 A IMORTALIDADE PELO DESDOBRAMENTO DOS TEMPOS OU O "ANA-G-ELOS"

Nós éramos imortais no começo
dos tempos do último ciclo do desdobramento.

O Criador é Único

É a Lei do desdobramento dos tempos que ninguém pode transgredir, nem mesmo o seu Autor. De fato, ele é o único mestre da duração de suas aberturas temporais — ou tempos de inconsciência — que não podem ser perturbados por um segundo Criador. Por uma simples razão: *o futuro potencial não deve ser modificado quando de sua fabricação. Caso contrário, a resposta não corresponderá mais à pergunta.* Além disso, existe outra lei tão importante quanto a primeira apresentada: *as trocas de informações só podem ir do passado ao presente, ou do presente ao futuro*; jamais do passado ao futuro. O presente separa, assim, a luz das trevas[17].

Desta maneira, é indispensável ser *dois* para poder trocar informações entre o passado e o futuro, que são separados por sete tempos

---

[17] Ver Anexo 2.

sucessivos. Um viaja entre seu passado e seu futuro, e o outro entre esse futuro (que é o seu presente), e o futuro desse futuro (que é o seu próprio futuro). Assim, as três realidades presentes — do passado, do presente e do futuro — são acessíveis, ao mesmo tempo, pelas trocas de informações nas aberturas temporais.

Cada criatura possui um duplo

O Criador Único deve, então, se desdobrar. É o único meio de ter a "sua" resposta futura à "sua" questão passada. Possuindo o banco de dados iniciais, ele pode se colocar múltiplas questões. Seus duplos serão as múltiplas criaturas que procurarão as suas respostas, explorando seus futuros em um tempo acelerado. Cada uma delas será, por sua vez, desdobrada em suas próprias aberturas temporais, por um duplo pessoal, que gosta de se arriscar e que fabricará os seus potenciais.

Trocas de informações nas aberturas temporais comuns darão, ao Criador, a possibilidade de conhecer e de organizar melhor a vida dos duplos das criaturas. Através de sugestões do passado, elas poderão memorizar, instantaneamente, o melhor futuro. A sobrevivência depende, unicamente, desse princípio vital.

O Ana-g-elos

Nosso duplo é um simples explorador ou "mensageiro do sétimo tempo". O que era denominado, antigamente, como "Agguelos"[18] em grego, uma contração de "ana-g-elos", ou angelos em latim, e anjo, em português.

É perigoso utilizar um nome, cuja conotação religiosa ou tradicional, pode conduzir à erros muito graves, capazes de construir potenciais pe-

---

[18] Ver Anexo 3.

rigosos. É preferível reencontrar a origem, puramente científica, de uma palavra deturpada por séculos de obscurantismo.

De fato, o grego tem a vantagem de ser uma língua que codificou a lei do desdobramento a partir de um formalismo muito eficaz. Este conceito é revitalizado, através do reencontro com o seu sentido original.

A lei do desdobramento era já conhecida no início da nossa era cristã. São João fala, sem fazer mistério, no começo do seu Apocalípse: "Eu sou o Alfa e o Ômega, diz o Senhor Deus, 'Aquele que é, que era e que há de vir'."

Antigamente bem conhecida, esta idéia de passado, presente e futuro permanece uma definição perfeita do desdobramento dos tempos.

Como Platão[19], os Egípcios também ensinavam a divisão de um Criador Único, por desdobramento dos tempos: "Eu sou o Ontem e conheço o Amanhã... O Ontem me deu a luz; eis que no Hoje, eu crio os Amanhãs", eles afirmavam.

No Livro Egípcio dos Mortos, multiplicam-se os exemplos onde a lógica do desdobramento aparece, sem contestação possível: "No momento onde, do outro lado do rio, eu verei o Outro Eu...[20]"

Os pitagóricos falavam de tríades, incluindo a Mônada, expressão do Deus Único, o Quaternário, número sagrado das Criaturas, que se inscreve a uma mesma distância, da Unidade e do Setenário. Aqui reencontramos os sete tempos que separam o passado do futuro, com o quarto tempo intermediário, para o presente.

Em seguida, os cristãos pregaram a Trindade divina —Pai, Filho e Espírito Santo— sem, no entanto, posicionar a humanidade com relação a essa definição, confundindo Deus e filho do Céu.

Alguns povos africanos falam, também, desse "duplo". Assim como os Xamãs da América do Norte ou os "bushmen" da Namíbia, os Aborígenes australianos utilizam suas próprias "imagens" para viajar nos sonhos.

Colonizados no início do século XX, alguns povos primitivos fugiam das máquinas fotográficas. Por quê? Eles temiam que a imagem, os

---

[19] Ver Prefácio.
[20] Livro dos Mortos dos Antigos Egípcios, de Gregoire Kolparkchy, ed. Stock, 1993, p.93, 166, 213 e 311

desdobrando "além", lhes seria levada. Os missionários riam dessa ingenuidade, que ainda existe, atualmente, em alguns lugares afastados
do nosso planeta. Eles tentaram se livrar do que estavam considerando
uma superstição sem interesse.

3 A CRENÇA EM DEUS É TÃO ESTÚPIDA QUANTO A DESCRENÇA. DEUS É CERTEZA

Uma crença sem fundamento, baseada somente em dogmas
e postulados incontroláveis, só serve para alimentar
mistérios inúteis. Quando a base é demonstrada rigorosamente,
a crença desaparece, transformando-se em certeza
e a incredulidade não tem mais razão de ser.

Na Bíblia grega, a palavra "fé", no sentido em que o entendemos, não existe. É uma tradução equivocada de "pistis" como "meio demonstrável de inspirar confiança", e por isso mesmo "digno de fé". Depositar a confiança em alguém era decorrente de uma certeza inicial.

A fé religiosa não existia, porque o Criador era uma certeza demonstrada pelo Princípio Criador do alfa e do ômega, e da divisão dos tempos. No seu sentido atual, ela curiosamente tornou-se indigna de fé já que, atualmente, a incredulidade claramente se opõe à crença.

Segundo suas escrituras de argila, os Sumérios não possuiam nenhuma metafísica, já que não tinham fé em Deus, mas a certeza da imortalidade nos sete tempos do Criador.

Aparentemente muito eficaz, nossa ciência nada mais é que o resultado desse conhecimento primordial, ou "protociência". Apenas faz metafísica quem utiliza nossas equações – e as tecnologias materiais delas derivadas – para esse saber fundamental, enquanto elas são, na maioria, somente uma aproximação matemática de uma lei física universal.

Para os antigos gregos, o conceito de "pistis" era destituído de qualquer subentendido. Uma evidência desta afirmação é que um banqueiro exigia uma "pistis" do seu cliente, como garantia bancária. É muito difícil, nos dias de hoje, imaginar um banqueiro tendo fé no seu cliente, cujo saldo negativo não tem garantia! O que era digno de fé transformou-se na própria fé, simplesmente, quando a hierarquia católica da Idade Média, apoiando-se nas suas próprias traduções da Bíblia e dos Evangelhos, impôs uma crença dogmática, afastando-se, em sua vida pública, dos próprios princípios que ela pregava.

O desdobramento nos assegura o melhor presente

Quem utiliza o seu desdobramento não corre o risco de se enganar, nem de levar os outros ao engano porque, originalmente, o nosso duplo é feito para nos assegurar o melhor presente à cada instante. Ele está pronto a nos fornecer todas as informações que precisamos, a um simples pedido nosso. Para contatá-lo, apenas necessitamos conhecer o modo de funcionamento, que é o oposto dos ensinamentos atuais que pregam a utilização cotidiana dos bons pensamentos.

O positivo de uma das nossas idéias, de um dos nossos desejos, de uma das nossas questões pode, na verdade, ser muito negativo, se o seu critério nos é inculcado por um futuro, que tem origem em uma de nossas idéias ou de um de nossos desejos ou questões que são maus.

Nosso "mensageiro titular" é o único que pode nos oferecer as melhores sugestões criadoras, já que ele é "nós" e conta conosco para "nos" criar o melhor futuro.

Nosso equilíbrio na Terra, nossa reunificação no fim de nosso desdobramento e a nossa futura vida comum nos sete tempos do Criador dependem disso. Com ele, voltaremos a ser o "alfa" e o "ômega", falando de outro modo, o "anou", ($\alpha\nu\omega$) isso é, "o ser realizado", em harmonia com o "ana"[21], o Mais-Alto ($\alpha\nu\alpha$).

---

[21] O desdobramento do Criador (ana) religa pelo laço r (rho) a espiral feminina (γ) e a espiral masculina (δ), na carruagem do tempo (ynis): assim, as Criaturas são andrógenas (ana-($\delta\rho\gamma$)-ynis = andrógynis)..

Significando "o Anjo", a palavra grega atual, "Agguelos", perdeu o seu sentido original. Por outro lado, falar de Duplo não implica nenhuma conotação filosófica, religiosa ou metafísica. Assim, evitamos futuros potenciais perigosos, desenvolvidos ao longo dos séculos. Evidentemente, não é o caso da palavra "anjo", portadora de muitas falsas idéias.

Por essa razão, seguiremos falando sempre do Duplo, uma imagem atual e viva, que o Criador queria de nos no futuro.

Essa nova noção não se baseia numa fé qualquer, mas na separação cíclica dos tempos. Conseqüentemente, necessitamos compreender bem que o passado, o presente e o futuro são três realidades simultâneas, transcorrendo em velocidades diferentes. *Durante o desdobramento, o contato entre esses três tempos é impossível. Assim, somente as trocas de informações nas aberturas temporais asseguram a ligação entre Criador, Criaturas e duplo.*

Três realidades ao mesmo tempo

O fim dos tempos permitirá às três realidades se desvelarem no mesmo tempo. Trata-se do famoso "dia do descanso", onde o oculto é revelado (apo-calypsos, em grego). Cada criatura refaz a sua união com o seu duplo, cumprindo-se, assim, o que o Criador desejava para o seu futuro.

A finalidade de um desdobramento dos tempos é a de dar ao Criador a possibilidade de ter respostas às suas questões, antes que suas Criaturas tenham tido tempo de respondê-las.

Cada Criatura vive em função das questões que constituem a sua consciência no momento. As instruções que cada célula do seu organismo recebe, a cada instante, dão ao seu corpo seus instintos de sobrevivência. Quanto ao seu espírito, ele percebe as sugestões do Criador, sob a forma de intuições e de premonições, que desencadeiam suas próprias interrogações. Essas provocam respostas imediatas no futuro, que nada mais é que o presente dos duplos.

Então, a imortalidade é a consequência natural desse desdobramento, que dá à Criatura uma liberdade total.

Ninguém é obrigado a seguir as suas intuições. Um desequilíbrio corporal será, portanto, o sinal de uma vida presente desadaptada com relação à sua questão inicial. Na urgência de um desequilíbrio grave, uma nova escuta das informações do Criador, nas aberturas temporais, rapidamente colocará a criatura no seu eixo.

Esta volta ao equilíbrio é uma necessidade, pois o desaparecimento de uma só Criatura impossibilitaria uma resposta a uma questão inicial.

Portanto, as sugestões do Criador serão sempre as melhores, já que Ele recolhe todas as melhores informações do futuro, permitindo a sobrevivência da sua Criação.

Assim, cada duplo se torna, num sétimo tempo, a imagem que o Criador do primeiro tempo deseja de sua Criatura, no futuro. Isso não é uma predestinação, mas um seguro potencial de imortalidade, um vir-a-ser divino.

4 A PERDA DA IMORTALIDADE!

Nós nos tornamos mortais,
com todo o conhecimento de causa.

O que fizemos da nossa imortalidade?

Não somos mais imortais, porque nos retiramos de um mecanismo perfeito. No início do nosso ciclo atual do desdobramento, há vinte e cinco mil anos, quando os tempos novamente se separaram, permanecemos no futuro do nosso duplo, privando-nos das informações antecipadoras e reconstituintes do Criador. Então, tornamo-nos mortais, além dos setes tempos do Criador, que limitam as trocas de informações salutares. Penetrando no oitavo tempo, vivemos com potenciais excessivamente perigosos, rejeitados pelo esquecimento das Criaturas Imortais.

Invertemos a marcha do tempo, tornando-nos "filhos do "Homem", quando éramos filhos da luz criadora ou "filhos do Céu".

Felizmente, nós ainda temos nosso Duplo no sétimo tempo[22]. Ele possui a memória das nossas interrogações anteriores, aquelas que o Criador queria que nos fizéssemos.

Vejamos as trevas dos nossos duplos à luz do nosso passado: queríamos explorar os futuros perigosos que nos afastam do Criador e das suas informações. Contudo, é indispensável ter um futuro, para viver no presente. Assim, nossa exploração só podia ser feita a dois: um explorava o passado e o outro o futuro. Mordendo a maça, Eva foi a primeira Criatura tentada pelos movimentos (a serpente) do des-

---

[22] Ver Anexo 5.

dobramento. Adão foi seu cúmplice. Esse casal abriu a porta proibida atrás da qual o Criador tinha fechado os futuros inúteis ou perigosos.

Todos cometemos o mesmo erro, mas os cúmplices do início se tornaram desconhecidos, amigos ou inimigos do fim. Durante os vinte e cinco mil anos do nosso desdobramento, perigoso e mortal, temos utilizado e construido futuros potenciais inúteis. Devemos destruí-los, para retornar aos sete tempos do Criador. Para isto, é necessário conhecê-los e, para conhecê-los, é necessário ir ao seu encontro. O que apenas é possível ao se incarnar no presente. Assim, nós atuamos como um trampolim para o nosso duplo que, com o seu corpo energético, pode se deslocar do passado ao futuro, para organizar melhor nossos potenciais. Porém, ignoramos totalmente esse objetivo, e ao invés de nos livrarmos dos futuros que nos incomodam, acabamos criando outros, sem saber mais distinguir o mal do bem.

Segundo a lei da separação dos tempos, diferenciando as informações vibratórias, nosso duplo ainda está na luz do Criador. Ao desdobrarmo-nos no futuro interdito, perdemos o seu "manto de luz". Nossa vibração energética torna-se, então, ligeiramente vermelha, a primeira cor depois do branco, mas também cor da vergonha, para os gregos.

Adão e Eva?

A Bíblia que chegou até nós, no início da era cristã, foi escrita em grego. Uma má tradução desse idioma se explicaria, perfeitamente: "Adão e Eva tiveram vergonha da sua nudez". Esta frase resumia, ao mesmo tempo, a perda de uma roupa branca e a cor da "sub-roupa" aparente, evidenciando, então, uma grande falta.

Como "cometer uma falta" no estado de nudez? Nosso lado terra-a-terra torna evidente a resposta sexual. Entretanto, uma vida terrestre como punição por uma bobagem, torna o paraíso um real inferno.

Felizmente, a explicação é totalmente outra, menos caricatural e, sobretudo, muito mais simples, com uma lógica à toda prova: simplesmente, nós invertemos a marcha do tempo. Entretanto, liberados dos potenciais perigosos, poderemos refazer nossa unidade ao final dos tempos do nosso desdobramento.

Estamos muito próximos dessa possibilidade de reconstituição mas, manipulados pela realidade futura que guia os nossos pensamentos, fazemos tudo para o seu fracasso. Longe de melhorar nosso potencial, acabamos criando novos futuros, ainda mais perigosos. Porém, a partir de agora, com uma lei para nos guiar, podemos recolocar tudo em ordem.

5 NOSSO FUTURO É UMA REALIDADE PERIGOSA QUE NECESSITAMOS TRILHAR

Ao encarnarmos na Terra, trata-se de lentamente responder às questões que nos fizemos com o nosso duplo, antes de nos desdobrar.

Intuições e premonições

Segundo o nosso ritmo, construímos o futuro potencial do outro em nós mesmos, que reencontraremos por ocasião da morte, caso tudo transcorra bem. *Ignorar o nosso desdobramento conduz a uma existência de mal-estar à procura de respostas para questões sem interesse. Nosso corpo não foi criado para isso, o que ele poderá nos ensinar, à sua maneira, sobretudo através das doenças.*

Ao reencontrar o nosso objetivo inicial, uma perturbação, um desequilíbrio ou um mal-estar qualquer desaparecerá no mesmo instante, deixando na memória a maneira instintiva de fazê-lo desaparecer. Ficamos assim com uma vontade de explorar nosso espaço sem preocupação com relação ao futuro. O corpo é capaz de antecipar todas as situações, guiando-nos incessantemente e reforçando nossos instintos de sobrevivência. Nem mesmo há tempo para perceber essa antecipação. Felizmente, pois abrir-se à surpresa e às alegrias frente ao desconhecido, evitando as armadilhas de um futuro mal planejado, é o que deseja todo ser humano.

É o caso, por exemplo, de uma mãe que prepara, atenciosamente, a mochila e o lanche do seu filho, para que ele possa dormir um pouco mais, tranquilamente. Ele não precisa se preocupar de nada, sabendo ao acordar, que as torradas de pão estarão toda preparadas pelo café da manha, e sua mochila pronta.

É ilimitada a confiança de uma criança, quando há uma mãe zelosa que cuida do seu futuro. Neste caso, o que poderia temer?

Por outro lado, quando queremos explorar, sozinhos, um lugar desconhecido, é necessário prepararmos e verificarmos tudo, antes de nos lançarmos na aventura, o que demanda tempo. O que fazer, nesta situação, quando nos confrontamos com um perigo imediato?

Assim é que, antes de utilizar o seu bisturi, o cirurgião examina o seu paciente através de radiografias, ecografias e outros meios, para confirmar e evidenciar as suas hipóteses. Frente a uma emergência, entretanto, ele poderá ter à sua disposição apenas as suas intuições. Conhecendo este mecanismo, ele pode fazer o gesto que salva.

Eis outro exemplo: incapaz de falar, uma pequena menina de três anos, estava com a face já azulada, diante da mãe que, desesperada, gritava por socorro. Correndo para ajudar, o tio da criança abre a sua boca imediatamente e estica a sua língua, para desbloquear a sua respiração. Podemos afirmar que o tio "adivinhou" a causa do problema, de maneira instintiva, pois a emergência suscita sempre uma resposta da intuição. Portanto, trata-se de saber aproveitar esta ocasião.

No início do século XX, Edgar Cayce surpreendeu o mundo médico. Esse excepcional vidente se colocava num estado de auto-hipnose ou de "inconsciência", para fazer diagnósticos precisos e permitir tratamentos eficazes. Ele foi capaz de diagnosticar doenças e de descrever bactérias que só foram conhecidas e estudadas depois da sua morte. Em seu estado de transe, próximo do sono, ele certamente utilizava as aberturas temporais, para captar informações: poderíamos, neste caso, falar de viagem num tempo diferente.

Após vivenciarem estágios de formação conosco, alguns participantes abrem-se à intuições que os ajudam a superarem desequilíbrios, às vezes violentos. Não se trata assim de encontrar mais rapidamente o tratamento apropriado ou a solução imediata para os seus problemas? *O que lhes respondemos? Nada excepcional, a não ser que há um outro nós mesmos que cuida de nos. E o que se passa? Nada difícil, já que uma criança é capaz de fazer o mesmo, instintivamente. Eles procuram ao lado do seu duplo, as informações necessárias para resolverem seus problemas. Como? Apenas indo dormir, como um bebê confiante, com a certeza de que amanhã será um dia melhor. Quando estamos seguros de que há uma fonte de ajuda, a todo momento e em todo lugar, essa confiança se torna um saudável automatismo.*

Uma lei universal

Com ou sem urgência, refletir antes de agir se torna rapidamente cansativo, pois a prudência exige, sempre, o que a impaciência rejeita. Assim sendo, porque não ser, ao mesmo tempo, prudente e impaciente? *Basta-nos simplesmente saber que vivemos a dois, em dois tempos diferentes, e utilizar esse desdobramento no cotidiano.*

O seu duplo tem a possibilidade de explorar lentamente o seu futuro, mas num tempo tão rápido, que nada percebemos dessa experiência. No tempo presente, recebemos os seus conselhos, sob a forma de sugestões instantâneas, que criam nossas intuições. *O fato de estar desdobrado sem ter o tempo de percebê-lo, nos dá a impressão de saber tudo instintivamente, sem a menor reflexão.*

O corpo é um receptáculo de informações indispensáveis, que alimenta o "duplo" sempre que ele pode, sem percebermos a sua presença. Todas as células obedecem à vontade deste outro eu-mesmo, que aguarda a nossa boa vontade para nos visitar. Sua benevolência é obrigatória, pois ele é "nós" e o será sempre, já que ele nos assegura a vida após a morte, num outro tempo. Mas, pelo fato de ser imperceptível, nós o esquecemos.

75

O esquecimento é tão profundo que ignoramos tudo sobre nosso desdobramento e recebemos informações de desconhecidos hostis evacuando, dia após dia, as que o nosso duplo nos disponibilizou desde o nascimento, para nos permitir viver bem na Terra. *É importante saber que existem pessoas mal intencionadas que fabricam nossos futuros, modificando nossos pensamentos, para vivermos segundo os seus desejos.*

Na Terra, deveríamos experimentar, de forma gradativa, as possibilidades futuras deste outro nós mesmos, permitindo-lhe preparar, de forma instintiva e dentro do seu tempo, a exploração que juntos preparamos, antes de nos desdobrarem.

Por ignorância, em função da falta de um ensinamento como este, nossa experiência se torna inválida, pois não sabemos mais que somos dois. Nossa vida encontra-se tão distante dos seus desejos, que nosso reencontro, no fim do desdobramento, corre um grande risco de se tornar impossível, para não dizer impensável.

Nós vivemos sem mesmo compreender o objetivo de nossa existência. Mal dirigido, nosso corpo nos faz saber disso. Num estado de estresse permanente, não adivinhamos que o nosso corpo pode se nutrir de informações saudáveis.

Nossos distúrbios afetivos, familiares ou profissionais, físicos ou psíquicos, parecem-nos serem injustiças divinas ou golpes de um destino impiedoso quando, na verdade, somos nós os únicos responsáveis.

A chave do equilíbrio

É procurando e reencontrando o contato com nosso "duplo" que teremos a possibilidade de nos equilibrar e de compreender o verdadeiro objetivo da nossa vida terrestre.

Após a morte, teremos a escolha de ir para o passado ou para o futuro. Reencontrando nosso duplo, voltaremos a seu tempo lento.

Nossa vida não será mais que uma lembrança longínqüa, comprimida por uma desaceleração fulgurante do tempo. Se nos retardamos no futuro, viveremos as milhares de coisas inúteis, aos quais dávamos demasiada importância e que criaram inúmeros potenciais, mais ou menos válidos. A escolha é importante, pois, ao lado do nosso duplo, só restará um quase nada desta totalidade, justamente alguns instintos que deverão assegurar a nossa sobrevivência, quando da justaposição do passado e do presente, que termina nosso desdobramento.

Mas qual será nosso futuro se formos incapazes de assegurar a sobrevivência de um novo corpo, no tempo lento deste outro nós mesmos?

É certo que não desapareceremos – uma energia se transforma, ela não desaparece – mas ficaremos perdidos, sem ligação com o nosso passado criador, à mercê daqueles que criam nossos potenciais futuros.

Para ficarmos livres com relação à escolhermos o nosso destino, parece então ser indispensável conhecer a lei do desdobramento e a fulgurante aceleração do tempo, que nos oferecem os sonhos e os tempos ditos como inconscientes.

Este "além" de nosso tempo habitual é fascinante. Entretanto, ignoramos que, ao nascermos, já tínhamos as instruções necessárias para utilizarmos nossos corpos, de maneira instintiva. Nós as esquecemos e, agora, somos incapazes de encontrarmos a finalidade mesma de nossos corpos e de nossas existências terrestres. Como poderemos reencontrar a potência que existia em nós, senão buscando refazer o contato com aquele que nos desdobra, numa realidade imperceptível?

Nada há de misterioso nesse invisível e, menos ainda, de paranormal. É o nosso esquecimento que se tornou anormal. Certas pessoas conservaram algumas informações vitais. Outras distribuem, sem contar, o que elas pensam ser "um fluido" ou um "magnetismo", perplexas por um poder que eles não controlam e que, menos ainda, são capazes de explicar. Elas nos falam de fenômenos paranormais ou de um "dom do céu", ignorando as energias de antecipação que elas desperdiçam, sem jamais pensar no amanhã.

6 A ANTECIPAÇÃO É UM PRINCÍPIO VITAL

*Aprender a se conhecer de forma acelerada no futuro
não é uma ciência paranormal reservada aos
videntes. Trata-se de uma lei física universal de sobrevivência.
É uma ciência antecipadora, destinada a pessoas normais
que utilizam as leis do tempo para se equilibrarem,
com todo o conhecimento de causa.*

Nosso aspecto ondulatório nos permite antecipar um futuro, evitando perigos inúteis. Um navio faz o mesmo. Ele emite ondas "radar", que se refletem nos obstáculos. Ao captar o seu eco, a sua rota se modifica, conseqüentemente. Ele manobra, no presente, em função do retorno de um futuro potencial. Portanto, ele é a causa inicial do retorno das informações. *É o mesmo para o ser humano que emite e recebe informações ondulatórias.* Todas as suas células atuam dessa maneira.

Nós vivemos sempre um eco do tempo. A cada instante colocamos um problema que se resolve no futuro, instantaneamente, de múltiplas maneiras. Sistematicamente recebemos uma solução extraída de um potencial disponível. Basta saber reconhecê-la no momento dado.

Efeito placebo e efeito nocebo

Os potenciais coletivos podem agradar (efeito placebo) ou desagradar (efeito nocebo[23]) . Atraídos por projetos coletivos, ignorando o seu potencial individual, alguns captam o eco do vizinho. Eles fracassam

---

[23] Em latim : placebo vem de *placere* = agradar; nocebo de *nocere* = prejudicar.

no embate com um obstáculo detectado pelas suas próprias ondas, dais quais não percebem mais o retorno. Esse freqüente erro é constatado, de maneira experimental, através de um efeito chamado nocebo, contrário ao efeito placebo, que é mais conhecido.

Assim a experiência — denominada de "duplo cego"—, realizada com novos medicamentos que são testados, dando-se verdadeiros e falsos a dois grupos de uma população, coloca o médico e os pacientes na mesma ignorância de não saber nem quem, nem o que. Aqueles que, sem saberem, utilizam água com açúcar para se tratarem, às vezes se curam. Neste caso, eles encontraram uma informação perfeitamente exata de um potencial salutar, cuja atualização corresponde ao famoso efeito placebo.

Outros sofrem os efeitos secundários, bem antes daqueles que tomam o verdadeiro remédio. Eles encontraram uma informação exata, mas, dessa vez, o potencial atualizado é perigoso ou, até mesmo, mortal. *Como explicar um resultado tão deplorável, sabendo que esse perigo não exista ainda no grupo de população que toma o verdadeiro medicamento?*

Esse grupo freqüentemente é escolhido em outro continente, para evitar trocas de informações. Esse surpreendente efeito é apenas explicável por um futuro coletivo já vivido "em outro lugar", onde cada pessoa capta a informação que necessita. É preciso somente que as indagações do paciente conduza-o aonde ele pode encontrar uma solução, seja boa, seja ruim: tudo depende de sua preocupação no momento. Entretanto, ele não recordará nada dessa viagem através de uma abertura temporal imperceptível, de onde ele retornará realmente curado ou terrivelmente doente.

Esta explicação permite compreender a contaminação ou propagação contagiosa. Uma epidemia se desenvolve ainda mais rapidamente quando sempre utiliza esse efeito "nocebo". Um vírus ou uma bactéria que habitualmente não causa nenhum problema pode tornar-se mortal se o seu portador teme cair doente. Esse medo se torna a causa da doença, pois abre as portas de um futuro potencial perigoso.

A diferenciação dos tempos — e os futuros potenciais que eles possibilitam — exercem um papel importante na antecipação necessária à sobrevivência, desde que se saiba reconhecer o próprio eco pessoal.

Na maioria das vezes, para não dizer sempre, nós utilizamos respostas à questões que jamais nos vieram à mente, e que desencadeiam em nós pensamentos que não nos dizem respeito. E ainda nos surpreendemos com as infelicidades ou os efeitos nocebo que recebemos de volta.

Nosso organismo não é concebido para receber qualquer resposta. A tarefa é a de guiar o futuro, para não nos tornarmos vítimas de suas conseqüências!

Experiências demonstraram, perfeitamente, a realidade da antecipação. Graças às imagens medicais (escâner, ressonância magnética), é possível visualizar a parte do cérebro que é ativada pela vontade de efetuar um gesto preciso.

A partir dessa localização, foi possível evidenciar a antecipação da resposta. Por exemplo, decidimos, de fato, levantar o braço, porque nossos neurônios já decidiram fazê-lo, meio segundo antes da decisão consciente .

Quem comanda?

Eis uma importante pergunta: quem comanda?

Nosso cérebro recebe instruções, antes de pensarmos a respeito. A partir do conhecimento da aceleração do tempo, é possível afirmar que ele recebe informações do futuro, uma prova de que agimos em função de projetos passados, individuais ou coletivos, que se potencializaram. Assim, nosso cérebro atualiza, anteriormente, esse futuro: podemos obter o desejo súbito de levantar o braço, de forma instintiva ou através de um reflexo, aparentemente imediato.

Caso esse gesto se torne perigoso, o responsável do perigo seria o criador desse futuro potencial, que teríamos somente atualizado através de uma informação antecipadora. Sem o saber, sozinhos, em nossos cantos, criamos perigos.

Por exemplo, agredimos alguém que nos empurra, numa rua qualquer. Em função da sua má fé, nos dá uma vontade de matá-lo. Instantaneamente, um futuro mortal é construído em nossas aberturas temporais, que podemos modificar por uma simples troca de informações. Através de um pensamento oposto e tranqüilo, de novo a paz volta a reinar no futuro.

Sem essa indispensável modificação do nosso potencial, podemos nos tornar responsáveis de uma infelicidade. Imaginemos que um desconhecido, por sua vez, agride alguém que o empurra numa rua, cuja má fé lhe provoca uma vontade de matar! De forma semelhante com a sua, essa idéia assassina pode lhe dar acesso instantâneo ao futuro despertado pelo nosso passado. Idéias novas lhe vêm que, sem nos, não poderiam surgir. Se ele mata a pessoa na rua, quem seria o responsável?

Quando assistimos, na televisão, à notícia desse assassinato, nos revoltamos contra essa barbaridade, sem pensarmos na nossa porção de responsabilidade com relação ao mesmo. *A lei dos tempos é simples: se ninguém na Terra pensasse em matar, não existiria nenhum futuro potencial mortal, e a atualização de um assassinato se tornaria totalmente impossível.*

Se nossa raiva inicial produzisse um futuro nocebo, nossa responsabilidade no crime é total, já que seria uma atualização do potencial implicado. Se, entretanto, soubermos produzir um efeito placebo com o nosso duplo no futuro, esse desconhecido poderia se tornar um pacifista e, neste caso, seríamos responsáveis por uma breve tranqüilidade na Terra.

Aprender a se conhecer aceleradamente em um outro tempo torna-se capital para sabermos fazer, no presente, as boas questões, evitando agir e pensar em função de potenciais coletivos opostos aos nossos. Senão, nos tornaremos responsáveis da desordem planetária, sendo marionetes de um futuro que não mais controlamos, ao ativar pensamentos estranhos aos nossos, sem saber a razão.

Se não nos interessarmos pelo desequilíbrio do planeta, nossos corpos reagiriam a esta desordem potencial antes de nós. Os sinais de alarme são tão repentinos quanto fugazes: dor, enxaqueca, cansaço sem causa. Acontece que, freqüentemente, nossas resistências suprimem essas informações vitais. Viver com pensamentos sem ligação com nossas questões iniciais modifica nossos corpos que, apesar de tudo, tentam se adaptarem, para sobreviverem em condições que não foram feitas para eles.

As conseqüências sobre o nosso equilíbrio

Talvez isso seja mais ou menos aparente, mas não há nenhuma diferença entre uma dor de cabeça súbita e uma enxaqueca crônica; entre tiques incontroláveis, um final de mês difícil e uma patologia qualquer.

Toda desordem corporal não é mais que o resultado da atualização de um futuro maléfico que desapareceria, ao reencontrar o bom.

Foi o caso de Sofia C. que, em função de uma esclerose múltipla, estava totalmente inválida, próxima da cegueira, incapaz de se nutrir, sacudindo-se com movimentos involuntários. Ela recuperou, em uma só noite, uma sensibilidade nas extremidades dos braços e das pernas. Em algumas semanas, ela melhorou o seu equilíbrio e a visão.

O mesmo se passa, com relação às desordens financeiras:

Penso num homem que tinha contraído uma dívida enorme. Toda uma vida dedicada a um trabalho bem remunerado não teria sido suficiente para conseguir pagar um quarto do oitavo da sua dívida. Antes do nosso encontro, ele jogava na loto, como muitos desesperados, utilizando pêndulos e outros tipos de objetos mágicos. Três dias depois, uma resposta inesperada solucionou o seu problema. Seu banqueiro anulou a sua dívida, sem mesmo fornecer detalhes sobre o que motivou a sua decisão.

Utilizar o futuro permite se equilibrar com todo o conhecimento de causa. Algumas pessoas se desequilibram, acreditando conhecer o modo de funcionamento dos tempos e ignorando a sua diferenciação cíclica.

Para ficarmos atentos aos nossos corpos, certamente é vital o conhecimento de que não existe apenas um tempo, mas "tempos", tão diferenciados quanto os espaços ou as massas. É muito mais importante utilizarmos essa diferença e deixarmos os nossos duplos comprimirem um futuro de vários meses num só segundo, no seu tempo lento. De forma instantânea, ele nos restituirá a síntese, no nosso tempo presente. O efeito decorrente parecerá milagroso ou paranormal apenas para aqueles que ignoram os frutos dessa compressão instantânea.

7 A NOSSA PERCEPÇÃO DEFINE O TEMPO PRESENTE

A nossa percepção tão somente fixa os objetos dentro de um presente, ao atualizar um dos seus futuros potenciais.

Onde termina o espaço? Onde começa o tempo? Uma pedra tem um invólucro tão estável, como se fosse inerte. Entretanto, o interior é dotado de uma vida real, já que é constituído de partículas numa dinâmica permanente.

Da mesma forma, o nosso planeta se movimenta no interior de um sistema solar, também em movimento, numa galáxia que se agita ao seu ritmo, dentro do universo. Parece que o movimento dos átomos e dos astros jamais cessa. Na realidade, é nosso corpo e a sua percepção que definem um presente. É o que evidencia a física do infinitamente pequeno onde atuando sobre as partículas observadas, o experimentador é chamado de "participante", pois o seu vizinho não atualiza o mesmo presente da partícula. Quem nunca observou a influência do ser humano sobre os vegetais? Alguns denominam de "mão verde" para designar a pessoa capaz de fazer as plantas crescerem maravilhosamente. Na realidade, graças à sua intenção positiva, essa pessoa facilita a atualização do melhor futuro.

Alguns atualizam o pior futuro

A pessoa que tem medo de um animal atualiza, no seu cotidiano, o futuro do animal que justificará esse medo. Instantaneamente ela poderá atualizar uma agressão, tornando-se assim, um adversário potencial que o animal tentará afastar, através de alguma violência. Diante dessa nova ameaça, o medo se acentuará, atraindo futuros ainda mais perigosos. Compreender esse mecanismo torna possível inverter a causa e o efeito, através da decisão de não ter mais medo. É melhor, naturalmente, atualizar a vontade de acariciar e de amar um animal, que apenas através de nossos pensamentos de medo se torna desconfiado e agressivo.

O ser humano não é diferente do animal: o medo de um inimigo potencial traz à desconfiança e reforça a inimizade. Amar quem nos detesta pode fazer desaparecer a sua agressividade, caso a pessoa saiba ouvir as suas intuições. Optar pelo ódio ou pelo amor representa uma energia que se reforça no futuro.

Porém, manifestar amor ao nosso inimigo, ocultando nosso ódio acaba ocasionando a sua agressividade, *pois o futuro apenas reage aos pensamentos e não à manifestação de um sentimento hipócrita.* As antipatias e simpatias espontâneas são freqüentemente associadas à atualização de potenciais que correspondem aos nossos reais pensamentos do momento.

Ocorre o mesmo na física onde o observador do infinitamente pequeno sabe que é a sua observação que atualiza possibilidades que não teriam nenhuma realidade no seu presente, sem a sua participação. Porém, há várias atualizações possíveis, no seu próprio cotidiano, sua tarefa seria de pensar que ele pode escolher entre diferentes presentes. Trata-se, portanto, de perceber os varios futuros para optar por um, antes de vivê-los.

Essa propriedade sendo vital, ela é desde o nascimento disponível à todas as pessoas. Sem necessidade de nenhum conhecimento particular, os instintos e intuições são capazes de estabelecer sólidas barreiras diante dos mais perigosos precipícios.

Só um louco pula ao vazio!

8 PASSADO, PRESENTE E FUTURO SÃO TRÊS REALIDADES ANÁLOGAS

Essa analogia é imperativa.
As realidades do presente e do futuro devem ter as mesmas questões
para que as respostas sejam válidas nos dois tempos.

Um gato que vive muito rapidamente nunca experimentará a vida de um cachorro muito lento. Uma vida mais rápida que a nossa evoluirá como a nossa, com um passado, um presente e um futuro. De outra forma, a comparação seria impossível e essa evolução acelerada não nós diria respeito: ela seria somente um futuro impossível de se atualizar na Terra.

Da mesma maneira, nosso duplo se interessa por nós, enquanto lhe construímos um futuro útil, no seu tempo mais lento. *No nosso presente, podemos nos considerar como o maestro dos músicos do nosso futuro, no qual ele seria o compositor do passado.*

Imaginemos o ponto de vista de seres evoluindo num tempo acelerado! Eles nos considerariam como uma realidade passada, num tempo lento. Nossas vontades, projetos ou desejos lhes chegariam através de nossas aberturas temporais. A menor de nossas questões imediatamente se tornaria, em seu presente, uma informação do passado, logo memorizada. Apenas exprimida, cada uma de nossas informações os induziria a agir em nosso sentido, de acordo com nossas aspirações. Assim, forjaríamos as suas intuições e os seus instintos, tornando-nos os criadores de suas consciências.

Podemos orientar essa realidade acelerada, mas sem jamais manipular as criaturas a quem nós aconselhamos. Um maestro dirige da melhor maneira os seus músicos, que sempre são livres para emitir notas falsas ou realizar bem as suas performances. Fornecemos as idéias mestras, mas a vida futura pode sempre recusá-las, fazendo o que bem entende. Logo, é necessário controlar, selecionar e orientar cada um de nossos pensamentos, para dispormos de um bom potencial em nosso futuro.

Nosso futuro nos pertence

Ao permanecer na ignorância, permitimos que outros dirijam nosso futuro, sem nunca tentar aprender a solfejar ou a saber quem ocupa o nosso lugar. Alguns imaginam um Deus ou um diabo como maestro, outros um simples acaso evolutivo, mas a maioria fala de um destino mais ou menos misterioso.

Na realidade, nossa falta de conhecimento das leis do tempo nos deixa a mercê do futuro, no qual os músicos fornecem a cadência, impondo-nos uma medida, realizando por nós o que deveria ser a nossa própria tarefa.

Às vezes, certamente, tentamos apaziguar as forças invisíveis, desconhecendo as suas origens, freqüentemente utilizando a luz obscura do futuro para nos iluminar. Ao invés de agir sobre o nosso futuro potencial, nos formulando as boas questões, entregamos às forças perigosas a possibilidade de modificar nosso futuro e o do próprio planeta.

Atualizando um futuro potencial que um outro criou — e que, sem nós, jamais teria existido na Terra —, acabamos desorganizando o presente de todo mundo e participando do desequilíbrio planetário. *É fácil atualizar um futuro individual, capaz de colocar ordem tanto no interior de uma célula cancerígena quanto no próprio meio ambiente. Às vezes é mais fácil atualizar um futuro sem interesse para o nosso duplo, ig-*

norando a sua partitura e as suas exigências. A cacofonia de nossos músicos acabará apresentando o resultado.

Nossas células, uma pedra, o vento, a chuva, o regato, o rio, o oceano, a fauna e a flora esperam de nós os melhores futuros – assim como o nosso meio social. Se acreditarmos que uma pessoa tem um defeito ou uma qualidade, acabaremos criando-lhe um futuro que ela poderá utilizar no devido tempo, reforçando, desta forma, a nossa própria opinião. Somos sempre os criadores daquilo que imaginamos nos outros. Da mesma forma, ter medo de uma catástrofe reforça a possibilidade da sua atualização, o que confirma o nosso próprio temor. Assim, somos os organizadores das desordens que tememos.

Quando pensamos que o sol vai secar as flores do nosso jardim, começamos a fazê-lo brilhar mais. Ao imaginar uma chuva salvadora, as nuvens podem vir para nos socorrerem, com a condição de que esse potencial já exista no nosso futuro. Mas, geralmente, criamos uma orquestra, em nossa mente, que faz o que quiser e que acaba impondonos a sua música.

A inteligência do instinto

Por instinto os animais sabem agir sobre a matéria, para o próprio bem-estar, através de uma ação familiar para eles, denominada de "psicocinese" *. O que fazem eles, senão utilizar uma realidade de um outro tempo?

Observemos um pintainho: ao sair do ovo, ele associa como sendo a sua mãe aquilo que se movimentar à sua volta, segundo experimentos realizados a respeito[25].

Neste preciso momento, se colocarmos um pequeno veículo que se movimenta no solo de maneira totalmente aleatória, observaremos algo

---

[25] O "Imprinting" de Lorentz

*Psicocinese = ação do espirito sobre um objeto material ou faculdade metapsíquica do espírito de atuar diretamente sobre a matéria.

surpreendente: a sua trajetória deixará de ser aleatória e ele se aproximará do pintainho. Inversamente, caso o veículo seja assustador pela cor, o cheiro ou o ruído, ele se afastará do pintainho.

Como faz o animal, para modificar o comportamento de um veículo que, guiado pelo acaso, não deveria ter nenhum "estado de alma"?

Eis outra série de experiências que comprova a realidade da influência do pensamento de um animal sobre a matéria: um rato é colocado na entrada de um labirinto, com a escolha entre vários caminhos nos quais um aparelho envia, ao acaso, descargas elétricas desagradáveis. Através de uma seleção aleatória da máquina, somente um corredor não é eletrificado. Acontece que, adivinhando essa seleção totalmente imprevisível, o rato quase sempre passa pelo caminho não eletrificado, buscando o alimento que é oferecido na saída. Experimentos como este, realizados durante muitos meses, com pintainhos ou ratos, sem a presença e influência do experimentador, demonstraram que, evidentemente, esses animais detêm um perfeito conhecimento a respeito do funcionamento do mecanismo da antecipação, o que comprova que eles influenciam máquinas *através de seus pensamentos, ou seja, a "psicocinese" não é nenhum segredo para eles. Evidentemente, este não é o nosso caso.*

Você pensa que seu computador possa modificar seu funcionamento por sua causa e vice-versa? Que sua televisão possa lhe mostrar imagens insólitas? Que seu forno de micro-ondas seja capaz de transformar as informações vitais dos alimentos, ao ponto de lhe desinformar? Entretanto, as ondas emitidas por esses aparelhos são capazes de modificarem as nossas células. Logo, o inverso é bem possível.

Neste caso, por que não re-informar nossos organismos ou re-informar, de maneira saudável, os nossos alimentos antes de consumi-los? A "bênção" cristã antes das refeições não encontraria, aqui, a sua razão de ser? A partir desta consciência, não deveríamos associar um pensamento a cada um de nossos gestos?

Sem falar de linhas elétricas, de rádios e de telefones, todas estas desordens de informações ondulatórias interferem em nossas informações antecipatórias, tornando-as pouco fiáveis. Assim, raramente escutamos nossas intuições e premonições, por falta de interesse. Ignoramos que, necessariamente, elas são conseqüências de projetos passados que, apenas formulados, são muitas vezes esquecidos, por se revelarem sem interesse.

Sem um modo de aplicação, não somos capazes de saber se nossas idéias são interessantes, possibilitando-nos a sobrevivência no futuro. É importante não esquecermos que nossos corpos solicitam, a todo instante, boas informações antecipatórias, que nos propiciem uma evolução tranqüila, desejada, sem aborrecimentos e até mesmo um permanente estado de bem-estar.

As interrogações, desejos, vontades, aspirações do nosso duplo deveriam tornar-se nossas intuições e premunições espontâneas, conformando a nossa consciência.

Neste caso, teríamos a possibilidade de memorizar seus conselhos sem mesmo nos darmos conta. Assim, agiríamos buscando responder a suas perguntas, que chegariam permanentemente através de "suas" aberturas temporais.

Na realidade, jamais somos marionetes deste processo com nosso duplo, pois podemos agir segundo nossos próprios desejos no nosso tempo, que é o futuro dele. Porém, como ele é você mesmo em um tempo mais lento, seria estúpido ignorá-lo para viver de acordo com os próprios desejos pessoais, pois no final dos tempos do desdobramento, teremos que viver em função dos potenciais criados durante a nossa atual vida.

Como as bonecas russas, os tempos se superpõem, uns dentro dos outros, para nos permitir viver bem, graças às informações antecipatórias que circulam dentro do labirinto desses diferentes encaixes. É evidente que as informações que captamos não permitem aos nossos corpos uma evolução melhor. Nossos desequilíbrios são numerosos, para não dizer que são permanentes.

O fruto de nossa ignorância

Onde está a falha?

Nosso desdobramento tinha como objetivo nos fazer evoluir tranquilamente, no tempo e no espaço de nossa escolha. Escolhendo viver no futuro de nosso duplo, a dor, o sofrimento e a morte constituem nosso pão de cada dia.

Seríamos sempre incapazes de viver bem? O que se encontra na origem de nosso mal viver? Seria nosso futuro dirigido por seres maléficos, que ignoram nossas interrogações para viver o presente de suas escolhas?

Talvez eles aproveitem somente de nossa ignorância para dirigir suas vidas, modificando nossos próprios pensamentos? Neste caso, bastaria retomar nosso papel de maestro, encaminhando os músicos aos seus próprios instrumentos. Sabendo utilizar a diferenciação dos tempos, voltaríamos imediatamente a ser o mestre de suas vidas dentro das "nossas" aberturas temporais. Mas, como saber se são apropriadas as nossas perguntas?

Na realidade, nós somos os únicos responsáveis da nossa infelicidade, pois ignoramos nosso duplo e suas interrogações, que são também as nossas.

Só nosso duplo possui a memória de nossas questões iniciais, de nosso passado, do motivo da nossa encarnação por desdobramento. Temos, então, a possibilidade de criar nossa felicidade, com a condição de deixar ao nosso duplo o cuidado de nos transmitir o "solfejo" indispensável para dirigirmos nossa orquestra no futuro. Não é ele o mestre de nossa vida, em "suas" aberturas temporais?

Durante nosso sono, ele pode reorganizar nosso futuro, dando-nos as melhores informações antecipatórias, desde que conseguimos juntar à ele. Para isso, é capital saber como devemos proceder.

9 AS TROCAS DE INFORMAÇÕES ENTRE O PASSADO E O FUTURO

Somente trocas de informações com nosso duplo podem nos dar instintos e intuições saudáveis. É necessário saber controlar esta dinâmica, para evitar receber falsas informações que modifiquem nossos projetos, nossos pensamentos e nossos corpos.

Uma utilização mal compreendida dessas trocas vitais pode perturbar gravemente uma pessoa, já fragilizada ou maltratada por futuros potenciais inadaptados ao seu organismo. Ignorando as leis do tempo, somos todos portadores de um profundo mal, muito mais perigoso do que um vírus mortal.

Como um veneno, o futuro é capaz de modificar, a cada instante, nossos próprios pensamentos para nos afastar daqueles do nosso duplo, *quer dizer, daqueles que são os nossos.* Sem a orientação do nosso duplo, transformamos o positivo em negativo, considerando o que é inútil como algo de importância capital, modificando nossas consciências e as nossas questões iniciais.

Se procuramos *sozinhos* o objetivo de nossas vidas, podemos atualizar futuros perigosos ou sem nenhum interesse. Nossos julgamentos podem ser perturbados pelas trocas de informações, dentro das aberturas temporais, com desconhecidos que nos impregnam de falsos valores, aproveitando a nossa ignorância das leis do tempo.

Cada noite, nós dirigimos uma orquestra sem ter a menor idéia da partitura. Utilizamos nossos sonhos para preencher nossas memórias de pensamentos subliminares, imperceptíveis, perniciosos ou inúteis, que modificam totalmente nossos projetos, nossos desejos e toda nossa conduta. Com esses pensamentos diferentes, construímos futuros que acreditamos serem benéficos, mas que não nos são destinados e até podem ser perigosos para os outros e, talvez, para todo o planeta. Entretanto, pensamos que estamos agindo corretamente, para o bem do nosso ambiente e da própria humanidade.

O inferno não é constituído de boas intenções; pelo contrário, ele é feito de más intenções, que o futuro tenta introduzir em nossos sonhos, apresentando-as de tal maneira que acabamos por considerá-las benéficas. Quando um futuro infernal quer sobreviver no seu tempo, ele precisa das nossas más intenções dentro do nosso tempo, que são produzidas por ele e impostas a nós como algo positivo. Os nossos sonhos ficam à sua disposição, porque não sabemos dirigi-los.

Ao acordar, a nossa consciência não é mais a mesma. Acreditamos que somos pessoas que vivem bem, com valores seguros, pois perfeitamente justificados por numerosas provas. Assim, tornamo-nos marionetes do nosso próprio inferno, que é uma realidade análoga à nossa.

Três realidades interdependentes

O essencial é compreender, antes de tudo, que passado, presente e futuro são três realidades não observáveis ao mesmo tempo, porém interdependentes, pois, sem passado e sem futuro, nenhum presente pode existir.

Ora, nós só podemos obter informações dentro dos sete tempos do nosso desdobramento, separando o passado do futuro. Nosso corpo energético não pode seguir buscando além ou aquém sem dissociar-se, definitivamente, do nosso corpo físico que morre, na ausência de informações.

Para sobreviver no seu presente, nosso duplo também utiliza o futuro que nós lhe construímos na Terra.

Cada uma de suas vontades ou de suas interrogações nos fornece intuições que nos impelem a agir no nosso presente e instintos que permitem a sobrevivência de nossos corpos. Intuições espirituais ou instintos corporais são as duas faces do nosso organismo corpuscular e ondulatório.

Nosso passado tem, então, um lado repousante e seguro, pois "nós" nos conduzimos a dois. Não é a mesma coisa no nosso futuro, pois, desconhecidos sozinhos, constróiem nosso possível vir-a-ser nas nossas aberturas temporais, tendo como passado nossa vida atual e, como futuro, uma outra realidade que evolui em um tempo tão acelerado, que acaba se tornando obscuro[26].

As trocas com o Criador são impossíveis durante nosso desdobramento. Dessa forma, os problemas desses desconhecidos ficam sem solução no vir-a-ser e, muito freqüentemente são inúteis nos sete tempos do Criador. Assim, é necessário selecionar nossos futuros para atualizar outros potenciais. É também útil criar novos potenciais, para evitar carregar os antigos, que seriam um peso infernal, depois da morte.

Nosso corpo é construído para servir de trampolim para o futuro ao nosso duplo que, é o único, capaz de efetuar essa vital seleção.

---

[26] Ver Anexo 5.

10 O MECANISMO DAS TROCAS DE INFORMAÇÕES

Nosso corpo físico deveria servir de trampolim
ao nosso duplo, para lhe permitir alcançar nossas
aberturas temporais, afim de poder reorganizar nossos futuros
potenciais, produzidos e alimentados por nossos pensamentos.

Ignorando essa lei física, utilizamos nossos sonhos para organizar nosso futuro à nossa maneira , longe das diretrizes do nosso passado. A conseqüência disso é um desequilíbrio do nosso presente.

O mecanismo científico das trocas de informações é simples:

O sono é composto de várias fases, para que possamos mergulhar na sua etapa denominada de *paradoxal*. A partir de um estado profundamente leve, ele se torna ligeiramente profundo, nos conduzindo a uma "descorporação", que pode ser saudável ou perigosa.

Na primeira etapa, nosso corpo energético pode tomar o lugar do nosso duplo, que vem ao nosso organismo para assegurar a nossa sobrevivência, tomando assim conhecimento de nossos problemas. Essa troca nos permite reencontrar nossas interrogações do passado, sem conseguir movimentar o corpo que nos recebe, pois não somos mestres desse tempo mais lento.

Quando conseguimos recordar essa troca benéfica — o que é muito raro — nós ficamos com o sentimento de agir com uma extrema dificuldade, pois o tempo passa mais lentamente. Ficamos pesados dentro de um corpo que temos dificuldades de movimentar. Entretanto, as cores vivas e a luz que nos envolve nos preenchem de alegria e não temos mais vontade de partir.

Na segunda etapa, o corpo energético do nosso duplo toma o lugar de um desconhecido do futuro que por sua vez chega ao nosso organismo para prosseguir assegurando a sobrevivência. Não sendo mestre do nosso tempo, esse último não pode movimentar nosso corpo que permanece imóvel. Somente as informações circulam, isso explica a imobilidade do corpo — o que se denomina *atonia postural* — e a intensa atividade intelectual do sono de aparência paradoxal.

Freqüentemente chamada de "entidade" pelas pessoas que tentam praticar essas trocas fora do sono paradoxal, esse corpo energético do futuro fornece múltiplas informações a cada uma das nossas células que assim são modificadas. Ele é escolhido pelo nosso duplo. Entretanto, múltiplas trocas com vários futuros são possíveis durante nosso sono paradoxal, cuja duração média é de 90 minutos.

Respostas do futuro

O futuro fornece respostas do futuro às questões do passado que nos concernem. No nosso presente, nosso organismo sente isso, imediatamente. Nossas células inúteis ou perigosas se autodestroem: elas são programadas desse jeito[27] e o equilíbrio corporal retorna.

Uma só troca de informação com nosso duplo pode ser suficiente, para nos deixar em forma. Esse equilíbrio rapidamente re-encontrado, às vezes de forma instantânea, dá a impressão de uma cura milagrosa. *Simplesmente trata-se da atualização, no presente, de um potencial já existente no nosso futuro.* Tudo depende, então, da nossa maneira de viver e dos nossos pensamentos que criam o conjunto das nossas possibilidades futuras — e isso durante os 25 mil anos do nosso desdobramento atual.

Nosso Duplo pode modificar os futuros que nós criamos. Entretanto, ele só pode agir em nossa vida presente através de sugestões. Nossa liberdade continua inteira. Durante essas trocas, ele fornece aos nos-

---

[27] Apoptose, conhecida como "morte celular programada".

sos *"músicos"* do futuro a *"partitura"* por ele composta, livrando-se daqueles maus e conservando os bons, corrigindo as falsas notas e reconstruindo a boa cadência.

Essas informações são sempre as boas. De fato, o outro nós mesmos não tem nenhum motivo para nos mentir ou nos desviar, já que seríamos nós que lhe construiríamos, imediatamente, um futuro potencial individual perigoso ou inútil.

Ele pode, por sua vez, ser mal informado sobre nosso estado presente e nos fornecer intuições incompreensivas. Se ignoramos os nossos problemas, ele pode reorganizar nossos futuros, sem mesmo se dar conta disto. Ao contrário, quando lhe agradecemos por algo, ele entende que se encontra na boa direção e, sem hesitar, continua a construir o que ele começou em função das informações que recebe do seu passado. Elas são fiáveis, pois provenientes de Criaturas Imortais, que ignoram a mentira, com a consciência de que senão, o seu próprio duplo sofreria imediatamente. *Podemos estar certos, então, de que idéias justas provêm das aberturas temporais do nosso passado.*

A troca pode ser perigosa

Pela ignorância, essa troca se efetua totalmente de outra forma e pode tornar-se muito perigosa.

O sono paradoxal continua o mesmo, mas os sonhos são diferentes. Com efeito, nosso corpo energético toma o lugar de um desconhecido do futuro, que se introduz em nosso corpo, para assegurar a sobrevivência e conhecer, assim, as questões que nos colocamos. Isso explica, ainda, a falta de movimento muscular — atonia postural — e a intensa atividade intelectual. Nosso corpo físico recebe bem a mesma energia, mas as informações não são mais controladas pelo nosso duplo. Se nossas questões são incomodantes, o desconhecido pode transformá-las, para assegurar-se, quando do seu retorno, que um bom presente possa ser elaborado pelos nossos pensamentos modificados.

Nós nos afastamos da luz e das questões vitais do nosso passado em função dessas trocas negativas, que são as causas de todas as nossas desordens, corporais e planetárias.

As informações do futuro freqüentemente são falsas. Pois, nossas próprias mentiras desenvolvem imediatamente falsas conseqüências, nessa realidade imperceptível, que podem ser em seguida atualizadas, no nosso presente. Para evitar esse potencial risco, seria indispensável jamais mentir. Como este não é o caso na nossa Terra, devemos desconfiar das informações provenientes do nosso futuro. Elas não são seguras, embora muitas vezes aparentem ser a verdade. Quantos médiuns são desviados, desta forma, para falsas pistas!

É desejável, portanto, não se deixar levar para o futuro durante o sono. Porém essa atração é muito prazerosa porque nos conecta ao mundo que vive dos nossos desejos e de nossas interrogações. Assim, podemos organizar nossos projetos de um jeito próprio. O corpo energético que nos chega durante essa troca, fornece ao nosso organismo físico as informações necessárias, para nos dirigir rumo a este futuro. Essa troca, porém, acontece sem o controle do nosso duplo. Como nossos problemas são sempre criados pelo futuro, nós prosseguimos sem nos darmos conta desta perturbação, que freqüentemente nos leva ao ponto de sermos parasitados.

Assim, nós nos tornamos criadores de um futuro que pode nos satisfazer ou nos destruir. Sem o conhecimento do nosso passado, este é um grande perigo, que produzirá sofrimentos ao nosso corpo, pois as ordens que ele receberá não corresponderão mais às nossas células, feitas para outro futuro. Dessa forma, começam as nossas desordens orgânicas.

Em direção ao futuro ou ao passado, essas trocas não são apenas suposições, mas as consequências diretas de uma lei do desdobramento, que permite explicar o desaparecimento do nosso corpo energético, dentro de um outro tempo.

Longe de quaisquer considerações empíricas, esotéricas, religiosas ou metafísicas, provenientes do passado ou do futuro, essas trocas são

vitais e exigem que a separação da parte ondulatória do nosso orga-
nismo (corpo energético) da sua parte corpuscular (corpo físico) se efe-
tue a cada instante, dentro de nossas aberturas temporais.

"Descorporação" ou viagem astral

Freqüentemente denominada de "viagem astral" pelas pessoas que a tentam praticar conscientemente, essa forma de "descorporação" é a mais freqüente — para não dizer a única — a ser utilizada. Aqueles que dela se lembram, falam de viagem aérea, sutil. A sensação de estar voando é normal, pois nos movimentamos rumo à um tempo mais acelerado, no qual assumimos a mestria. Porém, os lugares explorados são obscuros e as sombras inquietantes. Às vezes acontece de um despertar brusco nos livrar de um horrível pesadelo. Ficamos gélidos pelo medo.

Um certo tempo será necessário para que coloquemos os pés no chão do nosso presente. Permanecerá em nós o sentimento de termos sido testemunhas ou atores de um drama, do qual apenas restará uma vaga lembrança.

É provável que nós todos conhecemos essa experiência, pelo menos uma vez na existência. As crianças mal conduzidas a dormir, por pais que ignoram essas viagens através do tempo, são sujeitas a esse tipo de pesadelos: elas temem o escuro e vêem sombras em toda parte.

Sem o controle do nosso duplo, as trocas de informações nos fragilizam. Nosso corpo perde a sua vitalidade durante esses pesadelos dos quais, freqüentemente não guardamos nenhuma lembrança. As informações que ele recebe não estão mais de acordo com sua programação inicial. Nós viemos à Terra para resolver nossos futuros potenciais que tivéramos perturbado e, desta maneira, acabamos por criar outros perturbantes. Nosso corpo foi concebido para resolver um problema e não para ser fonte de outros. Afastado desse objetivo inicial, o corpo se degrada, conservando na memória instruções inúteis.

Sem um "chefe de orquestra", nosso organismo deixa às suas células o cuidado de produzir sozinhas a sua própria música e, assim, a desordem se instala. Às vezes, basta um choque emocional para fazer emergir uma desordem orgânica, cujo potencial o corpo já tinha atualizado.

Quantas doenças se desenvolvem deste jeito!

11 EQUILIBRAR-SE NUM MUNDOEM DESEQUILÍBRIO É URGENTE

Esse livro deveria dar a cada pessoa a possibilidade
de controlar as informações vindas das aberturas temporais,
para viver melhor a cada instante, com a certeza
de não errar o caminho. Esse é o primeiro objetivo, mas não
o único. O essencial diz respeito à colocar ordem no nosso planeta,
maltratado pela ignorância de uma lei física universal.

Sem equilíbrio individual, não existe equilíbrio coletivo. Assim, é melhor conhecer-se a si-mesmo e re-encontrar o próprio equilíbrio, antes de querer mudar o mundo!

Para isso é necessário recorrer às trocas de informações cotidianas, que nos permite o acesso ao passado e ao futuro, para estarmos bem instalados no presente.

Esse processo é extraordinário, já que coloca à nossa disposição um duplo, que possui uma ilimitada potência criadora.

Trata-se de um processo de florescimento, pois a busca de um equilíbrio individual, efetuada com rigor científico, necessariamente implica numa melhoria do equilíbrio planetário.

Por outro lado, pode ser perigoso, pois a desordem pessoal participa e reforça a desordem planetária, criando futuros potenciais dramáticos, que cada pessoa pode atualizar.

Com as respostas do nosso duplo, longe da atual desinformação, nós compreendemos como nosso mundo pode chegar até se autodestruir e descobrimos, enfim, o próprio mecanismo desta autodestruição, que já aconteceu várias vezes no passado e do qual participamos, sem sequer o saber.

Esse saber não é facultativo; é urgente adquiri-lo para a nossa própria sobrevivência, sobretudo porque o nosso futuro tem construído um imenso caos, a respeito do qual estamos completamente desatentos. Entretanto, é impossível limpar a Terra inteira sem mesmo sonhar em antes ordenar o futuro negativo diante da nossa porta do tempo. Além do mais, este é o único meio de conservar nosso equilíbrio em um planeta onde, por ignorância, atualizam-se futuros extremamente perigosos. Não nos esqueçamos que temos criado potenciais infernais, durante vinte-cinco mil anos! Importa mudá-los a partir de agora, antes que uma população inteira os atualizem.

Mudar o futuro

Restabelecer um corpo doente ou acalmar um espírito angustiado significa modificar o futuro e, conseqüentemente, acalmar um mundo bem estremecido pelo final de um ciclo solar, sobre o qual não nos preocupamos quase nada. Fabricar futuros detestáveis através de desejos deploráveis provoca um efeito oposto ao desejável. De fato, lamentar-se ou reclamar cria no futuro, imediatamente, uma razão a mais para o lamento e a reclamação. Neste caso, nós nos tornamos responsáveis por aquele que, atualizando esse futuro, lamenta-se ou reclama.

As mudanças climáticas, sísmicas, magnéticas, solares, o aquecimento do planeta, o derretimento das geleiras, a elevação do nível das águas, as inundações, as secas, os furacões, os imprevisíveis meteoritos que passam raspando por nossas cabeças, as doenças ditas equivocadamente incuráveis, as epidemias e as catástrofes naturais não serão mais que alguns *petiscos*, caso não sejamos capazes de compreender o *grande prato* que está sendo preparado no nosso sistema solar, cujo processo é de nossa inteira responsabilidade. Por que deixar aos nossos filhos uma terra devastada e inabitável, se a solução é simples e encontra-se diante de nossas mãos?

A poluição mental é mais importante e, sobretudo, muito mais perigosa que a do planeta. Ora, distanciados de toda intolerância que produz, no futuro, do que alimentar o proselitismo, o sectarismo, a violência e o racismo, estéreis e perigosos, é fácil despoluí-lo, e, sobretudo muito eficaz, para apaziguar rapidamente o sofrimento do nosso mundo.

Trocar informações com o duplo não é complicado e nem mesmo é perigoso. O perigo é ignorar a maneira de controlar as informações que nos chegam a cada instante e viver de acordo com a nossa consciência, sem saber quem a preenche de pensamentos subliminares, sem nenhum interesse.

Compreender o caos

"Não é preciso buscar compreender" nos dizem aqueles que querem nos impor mistérios, com a intenção de melhor nos controlar. Eles não oferecem nenhuma solução viável a nenhum dos nossos problemas cotidianos. Eles se baseiam em um Deus demasiadamente misterioso para ser admitido de forma razoável ou se fundamentam numa ciência materialista, que jamais responde às nossas aspirações mais profundas.

Certamente o progresso científico encontra-se presente. Em alguns países, temos a possibilidade de maior longevidade, mais particularmente através de uma boa higiene, pessoal ou coletiva, pois as doenças progridem incessantemente. A medicina de urgência tem feito progressos consideráveis, mas as doenças tornam-se mais numerosas e atingem as pessoas em idade mais jovem. As previsões meteorológicas estão cada vez mais precisas e, ao mesmo tempo, os eventos atmosféricos nos atingem, de forma imprevisível e muitas vezes mortal.

De qualquer maneira, podemos nos beneficiar de novas invenções sem a necessidade de explicações. Quem tenta entender o funciona-

105

mento de uma televisão? Não basta ligá-la para ver imagens ao mesmo instante? Sabemos que, atrás da tela, uma energia perfeitamente real a anima. Sem ao menos nos impressionarmos, tiramos proveito deste processo que não compreendemos. Se desmontarmos a televisão, antes de usá-la, teremos pouca possibilidade de montá-la de forma correta.

O que fazemos com um aparelho em pane? Diremos que — para esconder a nossa incapacidade ou incompetência — a imagem não existe realmente e que aqueles que a vêem estão na presença de um fenômeno paranormal?

Por que não utilizar, sem refletir, uma energia nova que permite antecipar, a cada instante, a melhor solução aos nossos problemas cotidianos?

É uma energia de compressão do tempo que permite sintetizar, a cada segundo, milhares de informações. Cabe-nos a tarefa de captá-las de maneira natural sem nos preocuparmos demais com os incrédulos que produzem, sempre, um futuro adaptado às suas próprias crenças.

A única dificuldade provém da nossa própria maneira de pensar. Não faz parte dos nossos hábitos colocar o futuro antes do presente. Cada um pensa que o futuro é apenas um ponto de interrogação e que somente alguns clarividentes são capazes de prevê-lo.

Com certeza, essa nova noção do tempo vai perturbar o fundamento mesmo de todas as nossas idéias habituais! Entretanto, sem ela é impossível compreender a unicidade e a necessidade de um Criador dos tempos, o objetivo de uma criação, o porquê de uma vida terrestre dentro de um universo no qual não faltam locais a serem explorados.

Com ela torna-se fácil perceber o futuro e os seus múltiplos perigos, antes de atualizá-lo no nosso tempo presente, correndo o risco de modificar gravemente o nosso meio ambiente.

Deixando o nosso sono aos cuidados do nosso duplo, encontraremos ou re-encontraremos um equilíbrio corporal e, sobretudo, poderemos evitar futuras catástrofes planetárias.

12 "PARASITISMO" INDIVIDUAL OU COLETIVO, ESTRESSE E "TERAPIA"

*É importante saber reconhecer a origem das
nossas intuições e utilizar bem o mecanismo
científico e positivo das trocas de informações,
para evitarmos o risco do parasitismo, da possessão,
da fascinação e da esquizofrenia.*

Dominantemente, escutamos aqueles que, nas aberturas temporais, fingem serem anjos guardiães. *Para melhor nos manipular, os desconhecidos do futuro gostam de se fazerem passar por criaturas angelicais, próximas do Criador. Assim eles modificam, mais facilmente e a cada instante, os nossos pensamentos, porque aceitamos, sem discernimento, as suas proposições.*

Enquanto nosso duplo for o único a nos transmitir as indicações necessárias à nossa encarnação, nossa consciência permanece válida, guiando os nossos passos em direção à um futuro sem perigos. No caso de mudarmos de freqüência, escutamos informações vindas do futuro e memorizamos falsas idéias, que nos afastam do nosso objetivo inicial.

Uma escuta parasita desvia do seu objetivo o nosso organismo, que não demora a nos dar sinais, através de diversos distúrbios e, freqüentemente, através de um estresse incompreensível.

Quando não escutamos nossos corpos, tornamo-nos presas de um futuro que guia nossas vidas, modificando nossas consciências e nossas células. O estresse é o resultado de uma informação detestável, que conduz a uma situação desagradável e certamente inevitável.

Como atrás das portas do tempo tudo se torna imperceptível, nunca percebemos que é este o nosso caso.

Ora, nós somos como os ratos, que prendemos nas caixas de Skinner, para fazê-los sofrer, condicionando eles previamente, através de sons e de luzes agressivas — do instante exato desse sofrimento[28]. O estresse resultante conduz o rato, rapidamente, a um isolamento ou a uma súbita morte. Quando colocamos dois ratos na mesma caixa, um dos dois se comporta de forma dominante, simplesmente para sobreviver, enquanto o dominado sofre um perigoso estresse, fatal após certo tempo.

Não seremos nós como esses ratos estressados, ora dominados, ora dominadores, dentro de caixas privadas ou públicas, familiares ou profissionais?

As situações estressantes nos conduzem a pensamentos angustiantes, que produzem um futuro potencialmente agressivo, capaz de nos parasitar ainda mais.

Esse "parasitismo" nos desinforma, privando-nos das informações vitais. Assim, nossas intuições não nos levam à nada, a não ser na direção de projetos que mantém futuros perigosos. *Viemos à Terra para transformar esses potenciais e, no entanto, por ignorância, são eles quem nos transformam.*

Então, falamos de azar e do karma, glorificando-nos com o sofrimento. Nosso duplo não tem nenhuma razão para nos fazer sofrer ou nos angustiar por construirmos senão um futuro de sofrimento e de angústias.

O processo do parasitismo é sempre o mesmo e prosseguimos com ele, sem saber, através de regras e rituais que nos parecem perfeitamente justificados.

Imaginemos que, um dia, o vencedor de um campeonato de tênis suba no pódio com um magnífico olho preto e inchado! A alegria de re-

---

[28] Experiencias de H. Laborit: a autopsia revela a hipertrofia das glândulas supra-renais, que tem por objetivo inicial desenvolver uma autodefesa agressiva saudável. Nessas experiências, os ratos utilizam, contra eles mesmos, esse mecanismo de agressão, produzindo a rápida queda de suas defesas imunitárias.

ceber o troféu faz com que ele esqueça a dor e o sofrimento e um sorriso ilumina o seu rosto machucado.

Agora, imaginemos uma tribo perdida no meio da selva, que pela primeira vez descobre a televisão, através de um único programa: exatamente este jogo de tênis! Tentando entender as regras, os participantes desta tribo podem pensar que, para ganhar o jogo, é necessário ter sofrido um belo ferimento no olho para subir no pódio, com a face inchada e um grande sorriso.

"É preciso saber sofrer e compreender o sofrimento", diriam os organizadores. Santificando a dor, eles empurrariam os jogadores para encontrarem pensamentos positivos, de forma a que sejam muitos a se sacrificarem sobre a terra vermelha desse esporte.

Ora, o mais simples não seria encontrar a verdadeira regra do jogo? Trata-se da mesma lógica, no jogo da vida.

Como nos parece mais fácil impor aos outros nossos modos de funcionamento, desenvolvemos uma intolerância, um proselitismo ou um racismo, que impulsiona um futuro, imediatamente, transformando-nos em seres intolerantes, sectários ou racistas.

O conjunto dos futuros individuais assim modificados permanece um perigoso potencial coletivo planetário, sobretudo nesse período onde os tempos se equilibram.

Expulsar os demônios

As modificações de nossos pensamentos são muito freqüentes e a nossa resistência é pouco eficaz, ao ponto que a "possessão" por nossos pensamentos pode se tornar total. Até mesmo a esquizofrenia pode ser o resultado final deste processo de parasitismo. Esta doença não é um desdobramento da personalidade, mas o resultado de trocas permanentes de informações que não podem ser mais controladas.

O doente assim parasitado pode atualizar potenciais violentos que, sem essas trocas intempestivas, não existiriam. Então, torna-se normal o ímpeto de matar quem não se comporta de acordo com o próprio desejo ou expectativa. A vingança aparenta ser salutar, por produzir, no futuro, os argumentos e os instrumentos que permitem a sua expressão.

Antigamente, sabíamos afastar essas informações perigosas, expulsando os seus autores demoníacos.

Queimar aquele que atuava como um espião se dizia, em grego, "theréo-peuton". O fogo — ou a luz do nosso tempo — afasta os seres provenientes das trevas. No início da nossa era, os monges de uma seita judaica tornaram-se especialistas nessa caça às entidades obscuras e eram denominados de terapeutas.

"Caçando os demônios", Jesus não teria querido demonstrar que era mestre do futuro e das nossas aberturas temporais?

Este era um comportamento considerado como normal, para os Judeus dessa época, quando era suficiente ter, em si, a força divina. Quem pensava possuí-la, falava em nome de Deus e ousava afirmar: "Na verdade eu vos digo..." Caso fosse preso em flagrante delito de mentira, esse orador seria considerado um blasfemador, merecendo o imediato castigo de ser lapidado, em público.

Quando o futuro torna-se o único conselheiro da maioria dos seres humanos, podemos dizer que quem o dirige é o "príncipe do nosso mundo" e do nosso tempo. Ele poderia tornar-se, sem nenhuma dificuldade, o presidente do nosso planeta, quando os sete tempos tornarem-se equilibrados.

Abandonando nossa batuta de maestro, deixamo-nos embalar pelos cantos hipnóticos das sereias de nosso futuro.

Todos nós sofremos de um "parasitismo esquizofrênico", pelo simples fato de escutarmos pensamentos que não são mais nossos e nem do nosso duplo.

Tornamo-nos presas fáceis pelo estresse e pela depressão, pois, quando nos desconectamos da outra parte de nós mesmos, acabamos perdendo o sentido e o objetivo mesmo da nossa vida terrestre.

E o primeiro a sofrer é o nosso corpo.

Perseguimos quimeras que sustentam uma realidade futura das mais alarmantes. Ameaças perigosas e a loucura assassina invadem nosso planeta que, muito em breve, talvez amanhã, poderá receber os responsáveis deste horrível parasitismo no nosso futuro. Não podemos, de modo algum, livrar-nos da nossa responsabilidade perante a desordem do nosso mundo, já que a produzimos nas nossas aberturas temporais, antes mesmo de vivenciá-las.

Guerras, violências, perturbações e desordens de todo tipo são, necessariamente, provenientes deste potencial. A similitude das idéias abre as portas do futuro, que encerram as suas conseqüências.

A rebelião

Como pensar em fazer uma ligação com um futuro detestável, criado durante vinte e cinco mil anos, e que atualizamos somente agora, através dos nossos desejos ou de nossos projetos?

Colocamos a culpa em Deus, à falta de sorte ou ao destino impiedoso. Rebelamo-nos. Entretanto, a nossa rebelião atrai um futuro capaz de justificá-la, ainda mais. Uma inundação fará desaparecer o pouco da terra cultivável que nos resta após um incêndio que arrasou a nossa propriedade. Nós nos rebelaremos ainda mais, pensando que uma tragédia nunca vem sozinha. Virá aquela que só está aguardando tal pensamento para se atualizar no nosso presente. "Jamais dois sem três", nos dirão em seguida, imediatamente atraindo um dos efeitos "nocebo", produzidos pelos que acreditam em tal superstição.

Por outro lado, aquele que permanece em contato com o seu duplo não teme o futuro. Ele só recolhe as informações capazes de criar e de receber as melhores possibilidades individuais futuras. Sem apoiar-se em nenhum mistério, ritual ou superstição, assim equilibrando-se, ele também equilibrará o planeta, cujo potencial coletivo futuro se tornará melhor, pouco a pouco.

Assim, conhecer o mecanismo das trocas de informações nas aberturas temporais é vital. Da mesma forma, é também urgente utilizá-lo, pois as desordens planetárias são tão importantes, que se torna necessário mudar nosso futuro através da modificação de nossos projetos. Somente nosso duplo é capaz de devolver-nos as idéias que eram as nossas, originalmente, por ocasião do nosso nascimento. Sem essa consciência inicial é impossível compreender o próprio objetivo da nossa encarnação.

13 O CONTROLE DO ADORMECER E DAS TROCAS

Nosso último pensamento consciente envia-nos na direção
do tempo mais lento do nosso duplo
ou rumo ao tempo mais acelerado
daqueles que criam nossas possibilidades futuras
e, freqüentemente, tentam nos manipular.
É então importante controlar este pensamento
antes de adormecer... ou antes da morte.

Em primeiro lugar, é indispensável ter consciência dos nossos próprios problemas. Quando estamos perdidos em uma grande cidade, podemos perguntar o caminho a um pedestre. Para isso, não ficamos olhando para ele, sem nada dizer. Acontece o mesmo na hora do sono: é importante fornecer ao nosso corpo físico as informações necessárias, que serão decifradas por ocasião das trocas, pelo nosso duplo e pelos corpos energéticos que emergirão no nosso interior. *É a água do nosso corpo que estoca e restitui as informações*[29].

Ver os nossos problemas atrai as energias futuras, responsáveis por nossas dificuldades. Quando tentamos encontrar nossas próprias soluções, atraimos outros futuros. Assim é que a vigilância é imperativa, pois se adormecemos nesse dado momento, o nosso sono nos conduzira a um futuro distante de nossas questões passadas e de nossas interrogações iniciais.

Por outro lado, quando pedimos ao nosso duplo para resolver os nossos problemas, fazendo a triagem das possíveis soluções, atraímos ele e nossos sonhos serão benéficos, desde que aceitemos a solução do duplo, com uma absoluta confiança, e na certeza do melhor futuro possível.

---

[29] Ver Anexo 7.

O único obstáculo é o de não adormecer com um pensamento capaz de atrair ou de criar o futuro. Não se trata de ficar com a mente vazia, mas simplesmente de esperar a resposta, sem demora. Nossas perguntas podem atrair um personagem importante. Ninguém sonha com os detalhes da solução dos problemas de sua vida, quando ele incomoda uma pessoa poderosa e ilustre. *Ora, nosso duplo é mais potente do que os mais poderosos do planeta, pois ele é a nossa parcela criadora, essa imagem luminosa que o Criador queria de nós no futuro, antes da nossa fuga e queda nas trevas.*

O sono paradoxal é incontrolável, mas podemos escolher o sentido da nossa "desincorporarão" para nos equilibrarmos.

Já no dia seguinte, obteremos um resultado sistemático: a ausência de estresse. O que é lógico e natural na medida em que, reencontrando o seu papel de guardiã de nossa consciência do passado, o nosso duplo remete-nos a um caminho que não engendra mais nenhum medo do amanhã.

Um exemplo

Entre numerosos exemplos, um nos parece mais marcante. Trata-se de um doente que acumulava todos os tipos de problemas:

— É uma tragédia; a minha fábrica está falindo e a minha mulher pediu o divórcio, criando-me graves problemas na questão da guarda das crianças. Quanto ao meu câncer, pergunto-me se eu já não estou mesmo é com o pé na cova!

Três dias depois de ter participado da nossa formação, ele nos escreveu:

— Enfim uma vida sem estresse!

Logo após, a sua fábrica restabeleceu o funcionamento, a sua mulher se divorciou sem criar problemas e o seu câncer desapareceu.

"Bonito demais para ser verdade!", pensarão algumas pessoas, assim criando, de forma imediata, um futuro pior, justamente para justificar as suas avaliações e julgamentos. *A dúvida produz, instantane-amente, a sua própria razão de ser no futuro, e nos da em seguida a prova que tínhamos razão de duvidar.* Por outro lado, a certeza de um resultado imediatamente cria o mesmo no futuro. Entretanto, antes de atualizá-lo em nosso presente, é preferível deixar à outra parte de nós mesmos o cuidado de verificar a utilidade e a ausência de perigo do mesmo, para outras pessoas. A nossa total confiança permite ao nosso duplo a atualização do futuro que confirma a própria confiança. A nossa certeza a respeito de um resultado propicia a possibilidade de escolha de um futuro em pleno acordo com a própria certeza.

Ficar com discernimento

Uma oração mal expressa pode ser tão perigosa quanto um mal adormecer. Nós criamos o que desejamos, de forma imediata. Uma vela numa igreja, uma moeda dentro de uma fonte, a oração noturna solici-tando uma graça, um pedido diante da visão de uma estrela cadente, uma súplica por uma cura, realmente produzem, o futuro correspon-dente. *A questão é a de saber se a atualização do desejo no presente não será perigosa ou inútil para nós e a coletividade.*

Para que serve desejar um bem estar individual, se os futuros co-rrespondentes forem perigosos?

Desejar a paz no mundo engendra a realização imediata da nossa própria concepção da paz no futuro. Querer curar uma doença grave produz, imediatamente, esta possibilidade. Mas sem o nosso duplo, não podemos saber se a nossa maneira de desejar a paz não conduziria a uma guerra no mundo, ou se nossa cura não acabaria sendo prejudi-cial a nós e ao nosso próximo.

A melhor maneira de adormecer consiste em pedir ao nosso duplo para enviar-nos o melhor futuro possível que nós pudemos criar.

"Que seja feita a vossa vontade!" é a única maneira de expressar essa simples idéia. Quando consideramos, de maneira correta, o nosso duplo como a parcela do Criador que habita eternamente em nós, então nos deparamos com a célebre oração cristã: " Pai Nosso, que estais no céu" — quer dizer, num outro tempo inacessível durante o nosso desdobramento — , "...seja feita a vossa vontade!"

Entretanto, essa "oração" não deve jamais insinuar a mínima solução aos nossos problemas.

É muito fácil mergulhar no sono, com um pensamento que provoca um futuro. Se pensamos no compromisso do amanhã ou nas nossas conversas passadas ou futuras ou no último espetáculo da televisão ou no artigo da revista que estávamos lendo, o nosso sono nos introduzirá no futuro do qual estávamos fugindo e que nos ajuda a melhor organizar a continuação com relação aos nossos pensamentos parasitos. Por outro lado, ceder o nosso papel de "maestro" ao nosso duplo nos fará adormecer mais rapidamente que os nossos desejos e os nossos projetos.

Um tratamento para a insônia

Ainda nesse caso, são numerosos os exemplos.

Assim, uma empresária italiana, aconselhada por sua filha médica, veio nos consultar. Quarenta anos de insônia tinha lhe deixada muito frágil e uma angústia permanente lhe corroia o ventre e perturbava o seu trabalho, de maneira doentia. Durante um jantar, ela nos confessou a sua falta de confiança com relação à nossa visão e à nossa abordagem.

— "Durante quarenta anos, eu tentei de tudo. Como você pensa que posso resolver meu problema em uma só noite?"

— "O que você pensaria se conseguisse dormir, normalmente, nos próximos dias?", ousamos respondê-la.

Então ela afirmou muito segura com relação à ineficácia de nossa formação: "Oh! Neste caso, eu lhe daria milhões!"

E foi o que se passou em seguida: ela passou a dormir melhor, a cada noite. Mas, ao invés dela nos dar milhões, o seu pagamento foi algo muito melhor: estabelecida na Itália, ela investiu, de forma inestimável, tempo e dinheiro, para promover e divulgar os nossos ensinamentos nesse país.

Como ela, a sua mãe, sofria de insônia e pensava que se tratava de uma doença hereditária. Ao controlar seu adormecimento, ela recuperou o sono tranqüilo da sua infância, com mais de 82 anos.

O perigo da sesta

Os movimentos planetários facilitam, mais ou menos, o sono paradoxal. Porém, nesse período de fim de desdobramento dos tempos, a desincorporação torna-se cada vez mais fácil, pois a energia antigravitacional aumenta gradativamente, como a expansão do universo.

Assim, a noite é preferível ao dia, já que, oculta pela Terra, a atração do Sol nos "cola" ao solo. Os sonhos são diferentes durante a lua cheia que, por ser mais visível à noite, diminui a gravidade. No verão, esta força aumenta, pela aproximação do sol, sendo que acontece o inverso no inverno, quando se torna mais leve.

Acontecendo durante o dia, a sesta não é apropriada às viagens no tempo, porque o sono paradoxal quase não existe no período diurno, entre onze e dezessete horas, no horário solar. Mais ainda, ela diminui nossa reserva de sono noturno. Assim, uma pessoa que trabalha durante a noite, é obrigada a achar alguns minutos de sono durante a noite ate pela manha.

As duas partes de um ser vivo sempre se adaptam, de forma à melhor utilizar as aberturas temporais: uma passa o dia a produzir os futuros, cuja triagem a outra faz, durante a noite.

O TEMPO
E OS CICLOS

Parece-nos indispensável conhecer os ciclos
do tempo, pois nós somos desdobrados
por um tempo e um espaço
onde o desdobramento
é ele mesmo cíclico.

1 OS DOZE ZODÍACOS: TRÊS DIAS DE QUESTÕES E QUARENTA DIAS DE RESPOSTAS

Uma abertura imperceptível na lentidão do tempo do passado, corresponde a três dias no presente.
Assim como uma abertura imperceptível no nosso tempo corresponde a quarenta dias no futuro[30].

As diversas tradições nos falavam desses dois tempos, mas nós esquecemos o seu sentido. *Nosso duplo vive num tempo onde a duração máxima de suas aberturas temporais corresponde a três de nossos dias. Vivemos num tempo acelerado, onde a duração máxima das "nossas" próprias aberturas temporais corresponde a quarenta dias no futuro.*

Em outras palavras, uma informação saudável do nosso duplo nos estabiliza durante três dias. Uma das nossas informações estabiliza nosso futuro durante quarenta dias. Uma única troca de informações com nosso duplo organiza o nosso presente durante três dias, em função de um futuro potencial de quarenta dias.

A quarentena para as doenças contagiosas, a Quaresma (contração desta quarentena), os quarenta dias de mumificação dos Faraós egípcios ou de preces dos muçulmanos sobre as tumbas dos mortos não são frutos do mero acaso.

---

[30] Ver Anexo 8.

É também de quarenta dias a duração da ressurreição de Jesus ou da deusa sumeriana Inanna. Esse "retorno à vida" de Jesus, no terceiro dia, já estava descrito nas placas sumerianas: Inanna volta da morada dos mortos após esse período, graças ao seu "mensageiro do tempo", o vizir Ninshubur.

Três dias é também o período necessário para passar as três marchas que aceleram o motor do tempo rumo ao futuro. O morto "trespassa".

Evidenciada por uma inatividade total do cérebro, (eletroencefalograma plano) a morte clínica não é irreversível. É um sono paradoxal durante o qual nenhum corpo energético substitui o nosso, que se encontra com o próprio duplo. Essa viagem às fronteiras da morte se efetua pelo futuro em direção ao nosso passado, que nos aspira através de nosso elo de desdobramento. Se este processo ultrapassar três dias, tempo de reflexo de nosso segundo "nós mesmos", a morte se torna irreversível.

Nossos ancestrais jamais enterravam seus mortos antes deste prazo de três dias. Atualmente, ninguém mais presta atenção a esta realidade e o resultado é a constatação dos coveiros de que trinta por cento dos mortos desenterrados se movimentaram dentro de seus caixões.

A experiência nas fronteiras da morte

As experiências chamadas de morte iminente – em inglês, NDE: Near Death Experience — são muito freqüentes.

Estudada durante muitos anos, essa vivência limite na fronteira da morte revela-nos algumas características sempre análogas. Assim, foi possível estabelecer um preciso protocolo científico, baseado em milhões de testemunhos documentados.

A pessoa em NDE escuta os seus familiares que, às vezes, falam sobre a sua morte como uma realidade irreversível. Ela não pode se comunicar e, logo após um barulho seco, se desincorpora, às vezes assistindo, numa experiência fora do corpo, aos cuidados médicos de urgência ou a tentativa de reanimação do seu próprio corpo.

Em seguida, ela é aspirada para um corredor obscuro, onde descobre outras pessoas, freqüentemente parentes próximos mortos, antes de se encontrar com um ser de luz. Atencioso, esse ser lhe transmite bons e salutares conselhos que são, às vezes, memorizados. Ela toma consciência de uma barreira intransponível, que tem antes de ser aspirada violentamente pela sombra. Então, o "morto em prorrogação" volta á vida, sendo que esta reanimação inesperada geralmente provoca uma mudança radical no seu comportamento.

Nosso sono paradoxal cotidiano é análogo a esta curiosa experiência nas fronteiras da morte. A diferença reside no fato de que um corpo energético imediatamente vem garantir a nossa sobrevivência, durante as trocas de informações. Já na NDE o nosso organismo é entregue ao abandono e pode, até mesmo, entrar em processo de decomposição. Somente o nosso retorno, dentro do período de três dias, pode nos remeter a um reequilíbrio vital.

O ser de luz é o nosso duplo, que nos dirige sobre a via das nossas interrogações pessoais, longe dos pensamentos parasitas do nosso futuro. Se ele é capaz de restabelecer um organismo em decomposição, por que não poderia curar-nos de quaisquer distúrbios e desordens corporais?

O que ele faz senão selecionar, organizar e utilizar os potenciais que temos encerrado nos doze espaços que separam os sete tempos? Após vinte cinco mil anos[31], nós preenchemos estes espaços . Podemos dizer que estocamos futuros dentro de doze cofres que estão à "serviço da nossa vida". Em grego, isto era nomeado de *zoidiaconos* ou zodíaco. Pela nossa encarnação, nós lhes modificamos e deveríamos permitir ao nosso duplo o seu exame, para a sua reorganização.

---

[31] Ver Anexo 1.

Utilizar as doze portas do tempo

Tudo não se resolve, forçosamente, em um único sonho.

Utilizando a cada vez uma só abertura imperceptível do tempo, nosso duplo abre um só dos doze "zodíacos", durante três dos nossos dias. Para abrir os doze, ele necessita, então, de trinta e seis dias. Uma síntese das informações assim recolhidas se efetuará em três dias.

O quadragésimo dia trará, obrigatoriamente, a melhor solução a todos os nossos problemas. Assim, podemos organizar, com o nosso duplo, os melhores futuros. Juntos, necessitaremos somente de seis períodos de trinta e nove dias, para colocar ordem nos doze futuros potenciais. Uma síntese, com a mesma duração, resolverá nossos problemas passados, e assim sete vezes trinta e nove dias nos colocarão diante de um novo amanhã.

O exemplo do feto

Um feto segue essa lei, no ventre da sua mãe. O seu próprio duplo verifica, os doze zodíacos, para guardar somente o necessário. Precisa, então, dos sete ciclos de trinta e nove dias, para terminar a gravidez, em 273 dias.

Sem poder explicar este fato, os obstetras observam, desde sempre, que uma criança prematura de quase seis vezes trinta e nove dias é menos frágil do que aquele que nasce após esse período. Apenas o desdobramento permite compreender que uma síntese incompleta fragiliza mais o bebê que uma análise quase completa.

Para escolher seus pais, a criança e o seu duplo necessitam conhecer os futuros potenciais. O orgasmo permite uma troca de informação com o futuro onde se organizam, então, quarenta dias potenciais. Se a organização é conforme aos desejos do duplo, então a encarnação pode acontecer três dias depois da fecundação. Isso significa que não há vida no óvulo antes, mas somente uma preparação para a vida terrestre.

Por ocasião do nascimento, a criança dispõe de um sono paradoxal que representa a metade da sua vida. Como ela esta sempre na entrega e na confiança, o seu sono e as intuições dele provenientes apenas serão perturbados em função do seu meio familiar. Muitos distúrbios desaparecem, quando os pais aprendem a controlar o seu próprio adormecer.

Uma só troca de informações com nosso duplo pode reintroduzir equilíbrio em toda a nossa família. Entretanto, quarenta dias de vigilância são necessários, para manter um equilíbrio frágil. Assim como acontece em uma gravidez, sete vezes quarenta dias nos trarão a estabilidade.

2 A FORÇA DO NÚMERO

Se a urgência não permite aguardar os quarenta dias,
doze pessoas podem procurar, juntas, o equilíbrio
saudável de uma décima terceira pessoa.

Com efeito, doze duplos podem lograr, de uma só vez, as portas dos doze cofres do zodíaco. *As informações são instantaneamente selecionadas.*

Não é por acaso que Jesus tinha doze discípulos e que Israel possuía doze tribos, pois, para doze, nada é impossível para um décimo terceiro capaz de realizar uma síntese.

Curar-se de doenças ou obter o melhor estado presente — que é denominado de parousia, em grego — é tão fácil quanto se desequilibrar no momento da abertura das portas que separam os sete tempos. É o que acontece a cada 2.070 anos e, mais particularmente, na época atual.

Não é evidente estar doze pessoas capazes de criar o mesmo futuro em relação a projetos semelhantes. Ainda mais considerando que o melhor é reunir pessoas de signos zodíacos diferentes. Entretanto, a nossa época apocalíptica permite ultrapassar essa dificuldade: doze pessoas do mesmo signo terão resultados quase análogos, porque as portas do futuro estão totalmente abertas e as do passado começam a se entreabrir.

Um único problema persiste: a liberdade de quem desejamos ajudar. Sem o seu acordo é perigoso empreender seja lá o que for. De fato, nós somos os músicos do futuro de nossos duplos. Uma harmonia só pode existir entre eles se nós tocarmos a mesma música no futuro deles, ou seja, no nosso presente. Qualquer desacordo distancia os maestros de orquestra do nosso passado. *Porém, uma harmonia entre várias pessoas permite a fundação de uma orquestra.*

Dois amigos sempre apresentarão resultados melhores do que duas pessoas que agem separadamente, *pois dois duplos, atuando com a mesma partitura, equilibram muito mais futuros do que é capaz uma só pessoa.*

Quanto mais numerosos são os músicos, mais nossos maestros se alegram. Assim, nós nos beneficiamos de uma "sincronicidade" em nossas vidas.

O meio em que vivemos organiza o nosso cotidiano de maneira extraordinária: na rua, encontramos um amigo antigo que nos fornece a solução de nosso problema; um cartaz de publicidade indica a resposta a uma questão do dia anterior; um jornal cai no chão revelando a resposta à uma interrogação do momento.

Uma experiência saudável

No dia seguinte de um seminário de formação, uma jovem viveu uma experiência saudável. Sofrendo de esclerose múltipla, ela tinha perdido tudo: o equilíbrio, o trabalho, o apartamento, o carro, o companheiro e o seu dinheiro. Totalmente deprimida, pensava que a única solução, para ela, era o suicídio. Então, antes de dormir ela explicou isso ao seu duplo e entregou-lhe as rédeas da sua vida.

Ao acordar, ela ligou a televisão para passar o tempo assistindo a sua novela preferida, mas se enganou com relação ao canal e viu uma pessoa que declarava: "O suicídio jamais é uma boa solução".

Esse aparente acaso e essa curiosa sincronicidade bastaram para tirá-la da depressão e do seu desequilíbrio corporal, pois a confiança no amanhã libera o duplo para examinar as doze casas do zodíaco dos nossos potenciais futuros.

Na maioria das vezes, tudo deveria se organizar em quarenta dias.

Antigamente, estes ciclos vitais eram utilizados em todos os vilarejos célticos. Três reis eram sorteados entre os melhores videntes de cada vila. Esses reis mágicos ou magos deviam encontrar a melhor solução para os problemas locais preocupantes: secas, inundações, fome, guerras, epidemias, entre outros. Eles tinham o direito de ordenarem as maiores loucuras.

Durante quarenta dias, novos projetos eram experimentados, com o objetivo de encontrarem a solução favorável. Depois, numa terça-feira, eles comiam carne, para encerrar esse tempo enlouquecido. Tudo era calculado em função da Lua. No final de uma festança de máscaras, os reis dos loucos entregavam as suas coroas. Depois disso, começava uma quarentena, para selecionar os novos futuros e eliminar os negativos.

Era a "quaresma"[32]. Sabendo que seriam obrigados a se privarem em seguida, para aniquilarem os maus projetos, os habitantes do vilarejo controlavam as suas loucuras. Cada um sabia quais os limites que não deveriam ser ultrapassados. Os duplos estavam presentes a cada noite, para encontrarem uma sabedoria inovadora, nesta furiosa loucura. Suas intuições se desenvolviam e os sinais se multiplicavam.

O vilarejo normalmente revivia com a chegada dos primeiros sinais da primavera. Os problemas estavam resolvidos, pois as soluções foram encontradas num futuro coletivo e selecionadas pelos duplos. Após a escolha da melhor opção, os habitantes do vilarejo matavam cabras e ovelhas, para prepararem um grande banquete. Tratava-se da celebração de "páscoas florais", o dia das ramificações das árvores, que não se pode confundir com a páscoa judaica ou com a cristã.

Com o parasitismo, esta festa se degenerou. Sem a lei do desdobramento para ordená-las, as práticas ancestrais freqüentemente se tornam superstições inúteis e perigosas.

Seria muito útil, atualmente, retomar esse tipo de experiência, para encontrarmos soluções para os nossos conflitos, as nossas epidemias, os nossos flagelos.

---

[32] Palavra antiga francesa para « quarentena ».

Necessitamos de uma sabedoria um pouco mais "louca", para encontrarmos novas soluções aos problemas que se acumulam mais e mais a cada ano, num cotidiano infernal de disputas assassinas, de rancores infindáveis onde a afetividade é suprimida, pela intransigência e intolerância hipócritas.

Após muitos séculos, as criaturas do futuro nos parasitam para melhor nos escravizar. Esse parasitismo é tão grande, que não encontra nenhuma dificuldade em desviar-nos do caminho de nossos duplos. Somente os duplos podem afastar e acalmar as criaturas hostis, que nos visitarão, quando se abrirá a última comporta do tempo.

3 A REUNIFICAÇÃO DO FIM DOS TEMPOS

O final de um ciclo do desdobramento de 24.840 anos abre-se para um período de 1 080 anos, que possibilita a reunificação com o nosso duplo.

Atualmente, ignorando esse desdobramento vital, nós já não sabemos o motivo pelo qual necessitamos refazer a nossa unidade. "No tempo em que éreis um, haveis engendrado o dois" nos diz Tomé no seu *Evangelho*[33], "mas agora quando sois dois, o que fareis?"

Não há dúvidas com relação à autenticidade desse texto, encontrado no Alto Egito, na década de 1940; não houve tempo para algum eventual erro de tradução. Não aconteceram modificações — pelos copiadores da Idade Média – e o texto nos fala, claramente, de um ciclo do desdobramento, com um começo e um fim.

Utilizando a nossa vida terrestre para escutar as interrogações do nosso duplo e lhe produzir os futuros potenciais correspondentes, não haverá nenhum problema com relação à nossa reunificação, por ocasião do Apocalipse. Ele nos devolverá uma imortalidade perdida. A dois, poderemos experimentar todas as possibilidades do futuro, sem nenhum medo da morte. De fato, nós doaremos um potencial de sobrevivência ao nosso "duplo" que, da sua parte, nos protegerá no seu mundo, com a sua "vestimenta", caracterizada pela cor branca luminosa, devido a lentidão do seu tempo.

No início da nossa era cristã, baseando-se em um texto do Apocalipse de São João[34], cristãos que já não compreendiam mais o desdo-

---

[33] Evangelho de Tomé, Logion 11e 22 (traduzido por J.-Y. Leloup, Editora Vozes, 1997)
[34] Apocalipse de São João: XX, 4-5

bramento, formaram a seita do milenarismo, que anunciava a ressurreição dos mortos e uma idade de ouro, de mil anos, sobre a terra.

Na realidade, o tempo do nosso duplo se superporá ao nosso, durante um curtíssimo instante, para permitir nossa reunificação instantânea. Toda hesitação, reflexão ou incompreensão nos deixará no mesmo lugar, no nosso mundo e nosso tempo, novamente aprisionando-nos durante vinte e cinco mil anos.

Esta breve superposição final necessita uma compreensão imediata, entre as duas partes desdobradas. Ela nos devolve a nossa "vestimenta pala de Soberano" dos Sumérios ou, como afirma São João[35], nos permite "revestir nosso vestido branco" depois da abertura "dos sete selos do apocalipse".

Abrindo as doze portas do zodíaco, esses selos correspondem às sete explosões solares de envergadura, sobre as quais já falamos. Esta grande abertura interligando o passado ao futuro se chamava "caos", em grego, onde o ch é uma cruz, símbolo desse fim. O apocalipse, ou descoberta, é possível graças ao caos cíclico que, freqüentemente, corresponde a cataclismas violentos, de onde deriva a confusão entre a causa e o efeito.

O "apocalipse caótico" é simplesmente a "revelação devida a uma enorme abertura", entre o passado e o futuro.

O final dos diferentes tempos necessários ao nosso desdobramento nos permitirá ir no tempo e espaço da nossa compreensão. Alguns refarão a sua unidade com seu duplo no passado, assim beneficiando as trocas com o Criador. Outros levarão seu duplo para o futuro, onde terão mais tempo para tentar compreender e reencontrar os imperativos de uma sobrevivência instintiva, perto do Criador. Eles encontrarão os famosos demônios do inferno grego, estes músicos que, se considerando como nossos chefes de orquestras, se tornam os manipuladores, mais ou menos demoníacos, dos nossos futuros potenciais.

---

[35] Apocalipse de São João: VI-11 e XX-1 a 7.

As crianças "índigos"

Justamente antes desse período apocalíptico, ou seja, agora, algumas dessas criaturas do futuro tentam refazer suas reunificações, no nosso mundo e no nosso tempo. Essa possibilidade existe depois da famosa explosão solar de 13 de março de 1989, que lhes abriu os três espaços zodiacais, rumo ao nosso mundo[36].

Alguns duplos das trevas já enviaram os seres que eles desdobram para se encarnarem na Terra, dentro do nosso tempo presente que, para eles, convêm relembrar, é uma realidade de seus passados luminosos. Tendo saído de um tempo acelerado, experimentando soluções futuras dos nossos problemas, essas crianças são superdotadas, cujos corpos energéticos vibram entre o azul e o preto.

Denominados de "crianças índigo[37]" por causa da vibração que as envolvem, elas nos surpreendem pela sabedoria antecipatória. As primeiras nasceram em 1990. Não devemos confundi-las com as crianças prodigiosas, que nascem em várias partes do mundo. Quando o dublo aproxima-se de nós, ele nos torna luminosos: nossa época permite essa proximidade e, por esta razão, as crianças tornam-se cada vez mais brilhantes.

Com um duplo no futuro, a criança índigo possui, além do mais, o conhecimento imediato das soluções dos problemas causados pelos nossos potenciais. Entretanto, a maioria desses problemas não lhes interessam, pois elas vêem ao nosso mundo para procurarem ás interrogações do seu passado, das quais elas foram privadas.

Um exemplo que nos tocaram, particularmente: um colega físico buscava resolver um problema de experimentação difícil, relacionado com a física das partículas, sem nenhum êxito.

---

[36] Lembremos os três períodos, separados pelas quatro explosões: de 1899 a 1929 – de 1929 a 1959 – de 1959 a 1989. A explosão do mês de agosto de 2003 encurtou o quarto período em 16 anos.

[37] Ver anexo 9.

O seu filho índigo de dez anos encontrou a solução em cinco minutos e disse ao seu pai: "Você deveria cuidar do seu filho, ao invés de perder tempo com um problema sem nenhum interesse".

Os pais que sempre cuidam de conservar o contato com seus duplos, se colocam questões justas e os seus filhos do futuro, lhe darão as melhores respostas, graças aos seus próprios. Eles podem fazer a ligação entre as múltiplas questões passadas, inculcando aos filhos novos pólos de atração. Assim, o papel educativo que desempenham é preponderante. Se eles seguem as sugestões dos seus duplos, eles podem transformar os desejos, as vontades e os projetos de suas descendências perigosas, tornando seus futuros potenciais aceitáveis no nosso mundo. Caso contrário, "estas crianças poderão matar pais e mães", pois elas não possuem nenhum dos nossos valores morais que, naturalmente, nos afastam, do crime. Essas crianças refarão na Terra as suas unidades, antes de todos nós, pois a porta zodiacal em direção ao nosso passado se abre por último: é o sétimo "selo do Apocalipse".

Os heróis de outrora

Tornando-se imortais na Terra, alguns deles se fizeram passar por deuses, como os heróis fabulosos do Olimpo grego, tão pouco divinos, ou os Atlantes, desaparecidos misteriosamente, ou ainda esses deuses da Suméria, os Nefilins da Bíblia , "esses filhos de Deus que se uniram com as filhas dos homens, os famosos homens dos tempos antigos".

Em grego, o termo *Néphelos* significa as pequenas nuvens no céu.

Para os sumérios, eram, com toda evidência, OVNIs (objetos voadores não identificados).

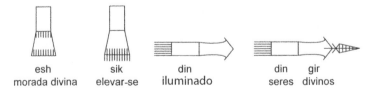

| esh | sik | din | din | gir |
| morada divina | elevar-se | iluminado | seres | divinos |

A Bíblia parece nos falar de extraterrestres: "Os Nefilins estiveram sobre a Terra nesse tempo... Eles eram os poderosos da eternidade, o povo dos *shem*."

Shem   *Ômega*   *objeto voador sumeriano*

A cartela egípcia acima (shem) indica muito bem o ômega dentro do qual se efetua uma metamorfose (o escaravelho[39]) graças à ascensão do módulo fixado no solo por duas amarras, como o objeto voador sumeriano. Um "imortal" desembarcando na Terra não deveria trocar de vestimenta, senão de forma?

Lenda antiga e realidade futura

O que acreditávamos ser uma lenda de outrora, poderá tornar-se triste realidade do amanhã. No final de um ciclo, as Criaturas abandonaram os lugares perigosos. Outras, inconscientes ou temerárias, foram aprisionadas. Nós descendemos desta última categoria.

Será que é uma falta vivermos lá, onde podemos utilizar os instintos de sobrevivência que compreendemos? Sem dúvida, necessitamos um pouco mais de tempo para obtermos o melhor e somente o futuro poderá nos dar esta possibilidade de uma longa reflexão. Entretanto, é importante compreender a marcha do tempo, sobretudo quando chegar, enfim, a ocasião de sairmos do nosso buraco .

A Terra pode ser considerada como um paraíso, para aqueles que ignoram o Principio Criador. Para os seres imortais é um lugar infernal,

---

[39] Ver Anexo 4.

onde "parimos na dor" e trabalhamos "com o suor de nossas frontes", na pele de seres mortais.

Quanto ao nosso duplo, como ele se encontra ainda na luz criadora, suas informações podem nos tirar da nossa miséria atual. Ele não possui a verdade universal, mas a nossa própria verdade — não a dos outros — que foi programada pelas interrogações do Criador. A este respeito, devemos abandonar toda forma de proselitismo.

O duplo não é um ser terrestre, mas um ente de luz, ainda uma parcela do Criador. Ele é dotado da força criadora de uma estrela, que é o nosso pólo de reunificação e de reconstituição. O Criador dividiu-se, para melhor conhecer-se. Cada um de nossos duplos lhe oferece uma resposta. Aquele que deseja conhecê-Lo deveria encontrar os dez mil bilhões de bilhões de criaturas corespondendo aos dez mil bilhões de bilhões de estrelas do nosso universo observável. Então, ele perceberia que ele não se conhece e assim não conhece, também, o Criador.

"Cada alma tem uma estrela
e aquele que vive bem durante o tempo que lhe é concedido
retornará à casa da sua estrela companheira".
Platão (Timeu/Crítias)

4 LIGAÇÃO COM O CRIADOR

*O ciclo do desdobramento solar oferece, a cada 2.070 anos,
uma abertura em direção às Criaturas Imortais,
que conservaram os seus duplos no futuro.*

Permitindo ajustar o nosso presente com os seus futuros, essa passagem é como um cruzeiro sobre o rio do tempo, cuja travessia acontece através de 12 comportas, cada uma de 90 anos. Assim, os tempos se equilibram perfeitamente, 630 anos depois da entrada, ou antes da saída com a duração de 90 anos.

Sabendo, pela teoria do desdobramento, que o final puramente teórico dos sete tempos situa-se em 2.079, podemos deduzir que as últimas trocas de informações com as Criaturas religadas ao Criador aconteceram no início da nossa era.

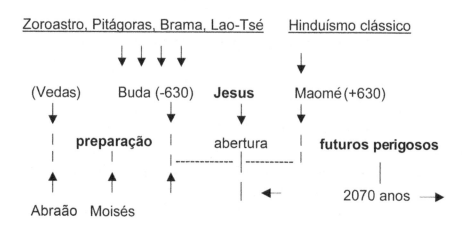

Abertura dos tempos (duas vezes 630 anos)

137

De fato, Buda abriu a comporta que Maomé fechou, enquanto Jesus se beneficiou do equilíbrio dos tempos. Buda nasceu 630 anos antes de Jesus e Maomé morreu no ano de 632 da nossa era.

Observando as vidas de Buda, Jesus e Maomé, a passagem de uma comporta do tempo evidentemente se manifesta:

Envelhecendo, Buda via o seu duplo de forma cada vez mais fácil, desenvolvendo intuições saudáveis, na medida em que a porta se abria. Assim, a sua juventude foi violenta e a sua velhice foi pacífica.

Maomé percebia o seu duplo de um modo gradativamente mais difícil. A porta se fechava e as intuições aconteciam cada vez mais raras. A primeira parte da sua vida foi pacífica, e na sua velhice viveu um proselitismo intransigente, para não dizer belicoso.

Beneficiando-se do equilíbrio dos tempos, Jesus tinha o seu duplo permanentemente ao seu lado. Ele foi o único a poder afirmar: *"O Pai está em mim e eu estou no Pai"*.

Se a humanidade não tivesse sido parasitada de uma maneira silenciosa e insidiosa, transformando uma certeza científica em fé religiosa, nós teríamos à nossa disposição, atualmente, uma ciência vital constituída de princípios fundamentais das grandes tradições: judaica, budista, hindu, taoísta, cristã, islâmica, animista, apenas referindo-me às mais conhecidas[40].

Na época de Buda de fato viveram outros grandes profetas, como Zoroastro, Pitágoras, Brama, Lao Tsé e tantos outros que a nossa historia, mais ou menos, registrou. O fanatismo, a intolerância e as guerras religiosas souberam destruir o que esses seres excepcionais vieram-nos dizer, para ajudar-nos.

As suas mensagens eram simples: *"Não faça aos outros aquilo que não queres que te façam!"*

Esta é a única maneira de construir futuros potenciais individuais, sem perigo para a coletividade. Eles poderiam ter explicado o desdobramento, mas nessa época, ninguém tinha *"os olhos para verem e as orelhas para escutarem"*.

---

[40] Ver Anexo 10.

Maomé chegou antes do fechamento definitivo da porta do tempo, para corrigir os erros que seis séculos de obscurantismo religioso tinham já instalado. Depois, as cruzadas, as religiões e a Inquisição, as guerras econômicas, políticas, coloniais, sociais e, sempre militares, dos dias de hoje, varreram os restos de uma sabedoria ancestral.

O futuro do Criador

Um conhecimento transmitido oralmente, durante muitos séculos, poderia ter nos conscientizado dos perigos ocultos nos nossos futuros. Nossa ciência atual enterrou tudo, ignorando uma sabedoria camuflada, freqüentemente, em diversas superstições. Os cristãos transformaram a redenção em um mistério tão opaco, que acabou tornando-se incompreensível.

A morte de Jesus permitiu o retorno de nossos duplos no futuro do Criador. Os futuros potenciais perigosos que tínhamos criado foram eliminados. Depois disso, o seu duplo se colocou "ao lado da fechadura" — *para-cleis*, em grego — que o separa de nossos duplos. Durante o fechamento da última das seis "noites" de 2.070 anos, Jesus só pode transmitir informações através de comunicações com ele.

Ele não nos prometeu "enviar-nos o Paráclito[41]"?

"Ele te dará o melhor do meu ser", eis uma frase lógica, pronunciada por aquele que conhecia as portas do tempo. Um pensamento de Jesus cria o futuro nas aberturas temporais do seu "paráclito", no qual vivemos.

Ninguém necessita de discursos teológicos para entender a importância do "paráclito", que poderia nos conectar ao Criador. Entretanto, nós confundimos trevas com a luz, obscurecendo ainda mais as nossas possibilidades futuras. A intolerância e o racismo tornam-se mais poderosas em todo o mundo e nunca consideramos a sua relação com os nossos projetos do passado. Eis o planeta no qual nos encontramos,

---

[41] Evangelho de São João: XV,7-8.

num processo de catástrofes e de guerras permanentes que, de forma equivocada, pensamos que são "naturais"!

Nossos potenciais futuros são dramaticamente pobres e alguns países atraem, particularmente, os perigos.

Depois dos Sumérios até os a época do povo judeu, o Oriente - Médio tem sido um lugar de confrontos mortais. Portadores da memória das cóleras do passado, estes povos atraem, inevitavelmente, muitos dramas.

"Quando vereis Jerusalém investida pelas forças armadas, saibam que o tempo da desolação encontra-se próximo... Sinais virão do céu, da lua e das estrelas[42]."

De fato, com a abertura dos sete selos dos sete tempos, as erupções solares enviarão ventos portentosos de partículas solares, que escapam dos buracos da coroa solar.

A última das sete erupções dará à impressão que o Sol estará estilhaçando-se em vários pedaços, como no relato da tradição nativa americana, que compara o astro luminoso a uma porcelana, que explode em múltiplos fragmentos.

---

[42] Evangelho de São João: XXI,20-25.

5 O CAOS E AS INVASÕES DO FINAL DOS SETE TEMPOS

Quando o passado, o presente e o futuro finalmente se comunicam
— após vinte e cinco mil anos de separação —
um sistema solar como o nosso se reequilibra.
Esse reequilíbrio depende de nossos futuros potenciais
e de suas atualizações no fim dos tempos.

Nós somos os únicos autores responsáveis do desequilíbrio do nosso mundo, pois fabricamos, ainda e sempre, futuros potenciais perigosos, que nunca deveriam ser atualizados na Terra. Não será surpreendente caso esse planeta azul, demasiado magro e quase anoréxico, torne-se bulímico quando os doze zodíacos abrirem as suas portas, permitindo atrair uma nova alimentação. Em 2002, dois meteoritos passaram muito perto da Terra, de forma totalmente imprevisível. Se eles tivessem chocado no nosso planeta, a humanidade teria sido exterminada, à maneira dos antigos dinossauros.

Ora, atualmente todos os parâmetros da Terra "enlouqueceram", assim como aqueles que calculam a "cólera" do nosso Sol. É possível deduzir que, sem uma mudança do nosso comportamento, a data[43] do final dos sete tempos deverá ocorrer por volta do ano de 2012.

Estamos diante de possibilidades futuras que temos construido durante vinte e cinco mil anos. As criaturas que as fabricaram nas nossas aberturas temporais já terminaram os seus desdobramentos. Constatamos que algumas crianças do futuro se encarnaram na Terra. Mas isso é só o inicio de uma história que poderá revelar-se muito difícil.

---

[43] Ver Anexo 11.

Falsos profetas...

Muito em breve, diante dos nossos olhos surpresos, criaturas imortais poderão se materializar. Alguns pensarão, de forma equivocada, que isto será uma referência às proezas de Jesus diante de seus apóstolos. Nada disso, pois essas criaturas não estarão religadas ao Criador, mas aos seus duplos em evolução nos futuros interditados. Previstas para o final dos tempos, elas terão poderes inacreditáveis.

Esses falsos profetas manipularão os futuros perigosos, por eles estudados e explorados bem antes de nós e provocarão doenças para, em seguida, curá-las, perturbando o planeta para, depois, acalmá-lo. *Essa invasão apocalíptica já esta preparada pelas trocas de informações, que realizamos sem o controle de nossos duplos.* O parasitismo é tal que a desinformação é quase total. Nos países do mundo inteiro proliferam publicações e discursos freqüentemente esotéricos, sempre sectários, supostamente inspirados por Deus, anjos ou extraterrestres. *Eles nos fazem ingerir erros muito graves.*

Para infiltrar-se, os pensamentos parasitas utilizam uma proteção religiosa, para melhor penetrar em nossos pensamentos. O amor tem sempre belas costas para atrair nos seus rastros as pessoas que vivem do ódio e de um pensamento exclusivo, originado de um futuro coletivo assustador, que eles destilam em todas as mentes, para melhor impor as suas leis.

Após muitos anos, sofremos de parasitismos infernais através das nossas trocas. A nossa agressividade se desenvolve tão rapidamente quanto as nossas doenças. Será difícil revolucionar o mundo antes de 2012, ano de transição para o fim dos tempos, conforme previsto pelo calendário dos Maias que, curiosamente, finda em dezembro deste mesmo ano. Entretanto, nenhuma predição é definitiva. É ainda possível retardar essa data durante alguns anos, para permitir a Terra se acalmar. Muitos pensamentos podem ser suprimidos ou reforçados, assim como os cataclismas que eles constroem no futuro.

Nós ainda somos, por algum tempo, mestres de nossas aberturas temporais. Ninguém nos impede de retomarmos nossos lugares de regentes de nossas próprias orquestras e de recolocar os nossos músicos nos seus devidos lugares.

O nosso mundo já conheceu períodos semelhantes.

As cicatrizes sucessivas do caos são registradas em todos os lugares. As nossas ciências as descobrem nos sedimentos, nas geleiras, nas perturbações da fauna e da flora. As escavações arqueológicas não cessam de nos surpreenderem. Nós buscamos, instintivamente, o passado que desencadeou um número tão grande de futuros negativos.

... e falsos deuses

Quatro mil anos antes de Jesus Cristo, na época dos Sumérios, uma abertura do tempo facilitou a passagem de falsos deuses. Após mil anos de proezas, esses "imortais" encontraram a morte e nos deixaram, como testamentos, mensagens escritas, gravadas em muitos monumentos e tumbas.

A humanidade estava brutalmente saindo, da Idade da Pedra, para entrar numa era de conhecimentos extraordinários, tanto na matemática, quanto na arquitetura, na astronomia, na agronomia e nas técnicas de irrigação. Uma sabedoria surpreendente acabava de transformar os primatas que éramos em macacos sábios. As gerações seguintes viveram seu tempo utilizando os resquícios de um conhecimento perdido. O melhor exemplo desta situação foi o Egito dos Faraós, que já ignorava as leis universais, que ele tinha desviadas dos seus objetivos originais.

Sabemos, atualmente, que a erosão da Esfinge tem sido a conseqüência de um clima pluvial. Na realidade, esse monumento antecedeu cerca de dez mil anos a época dos faraós, o que nos leva a supor que o caos registrado nos dez mil e quinhentos anos antes da nossa era demoliu uma civilização importante, fonte de grandes tradições.

Sem dúvida, a da Atlântida. Atlas, o deus violento da mitologia grega, participou da luta dos Gigantes contra os Deuses. Em punição, Zeus, deus do Olimpo lhe fez sustentar as doze colunas do mundo.

Sem a consideração do princípio do desdobramento, é difícil decifrar as mensagens deixadas por esta civilização. Após o caos, a noite dos tempos nos traz o vento do esquecimento.

Atualmente é certo que futuros mortais tem conduzido o nosso planeta no caos destrutivo, que Platão conservou gravado na sua memória, quando nos falava da ocorrência de uma catastrófica invasão, incriminando os deuses pela mesma. Ele afirmava: "Quando o divino começou a se debilitar por se misturar de maneira continua com o mortal, eles caíram então na degeneração. Zeus reuniu todos os deuses na sua mais nobre morada, que se encontra no centro do universo, com a visão para tudo o que participa no devir. E depois de ter reunido todos, ele disse..."

Na realidade, nunca saberemos o que Platão quis fazer dizer a Crítias[44], pois o texto assim termina.

Não se tratava de enfrentar uma situação grave, para reunir os "deuses", aonde se constroem os "futuros"? Não devia ser experimentado um novo vir-a-ser dentro de uma abertura temporal, no centro do universo? Uma experimentação instantânea como esta podia destruir todo o planeta. Foi assim que a quase totalidade (97%) dos mamíferos superiores desapareceram do hemisfério norte.

Como será o caos no final do ciclo, dentro de alguns anos? Com a consciência de que ainda é possível acalmar o planeta, convêm iniciar esta tarefa desde agora. Mais próximo de nossos tempos, o Dilúvio parece ser o resultado de outro confronto entre os deuses do passado e os do futuro, no nosso presente terrestre.

A este respeito, escrituras originais incontestáveis, as tábuas de argila dos Sumérios são testemunhos formais. Esse povo distinguia dois tipos de deuses: "Enlil sentado sobre o seu sublime trono diante de

---

[44] Timeu/Crítias de Platão.

quem os *deuses da terra* se inclinam aterrorizados e os *deuses do céu* se humilham."

Os deuses do Olimpo bem poderiam corresponder a essa hierarquia divina. A Odisséia nos oferece curiosas estórias de titãs, de gigantes e de cíclopes. Não seria isso uma mestiçagem pouco ordinária com "deuses" que, certamente, não eram espíritos puros nem aparições mais ou menos fantasmagóricas? Já com relação ao Livro de Gênesis, ele fala de cruzamentos bem carnais: "Quando os homens tornaram-se numerosos, os filhos de Deus perceberam que as filhas dos homens eram desejáveis. Com eles, elas tiveram crianças que são os heróis, esses homens famosos dos tempos antigos[45].

... e o mistério dos OVNIS

Atualmente, nós preferimos falar de extraterrestres, de raptos e de experiências genéticas. Por que não falar de cruzamentos já organizados "alhures", de forma mais acelerada do que na Terra? Dentro de alguns anos, nós seremos capazes de perceber o que ainda nos é imperceptível nas aberturas temporais. Antes disso, os diversos testemunhos com relação aos "Objetos Voadores Não Identificados" — ou deficientemente identificados pelas nossas percepções do tempo presente – seguirão sendo obscuras.

Entretanto, já existem muitos fatos que nos mostram a diferenciação do tempo. Como o caso de um capitão chileno, bem barbeado, que fazia uma inspeção com sua companhia, quando, repentinamente, apareceu no céu um objeto luminoso. Quando o mesmo desapareceu, o capitão não estava mais no seu lugar. Este episódio foi tão estudado, a ponto de se tornar incontestável. O que foi mais espantoso é que, dez minutos depois, o objeto voador retornou e o capitão reapareceu, diante dos olhos perplexos dos seus subordinados, afirmando que havia partido

---

[45] A Bíblia: Livro de Gênesis, VI-1 a 4.

há cinco dias. Não somente o seu relógio provava a sua afirmação, como também o crescimento da sua barba: ele estava cinco dias mais velho do que os seus subordinados. Não podemos concluir, então que, sem saber, ele utilizou uma propriedade física do tempo? Esta consideração poderia eliminar muitas controvérsias.

Um insaciável parasitismo e governos ávidos de novas técnicas militares só podem facilitar uma futura perigosa invasão. A curiosidade nos atrai perante fenômenos e informações que, equivocadamente, consideramos paranormais. A compreensão de que não existe mistério, mas a atuação de uma lei rigorosa, poderia evitar a atualização em nosso mundo de proibitivos e caóticos futuros.

O problema consiste, portanto, em compreender a nossa responsabilidade em relação às doenças e os abalos planetários que, de maneira surpreendente, começam a nos perturbar. *Nós abrimos a porta de futuros catastróficos. Trata-se de fechá-la, antes de um massacre definitivo.*

146

6 OS OBSTÁCULOS

A vontade, a dúvida e o medo são os maiores obstáculos
para o nosso êxito, com relação a um bom adormecer.

É muito simples dormir, quando repousamos sobre o nosso outro eu.

Entretanto, o processo de um bom adormecer exige certa vigilância, quando a vontade, a dúvida e o medo nos remetem para o futuro, onde não é mais possível obtermos os conselhos vitais do nosso duplo.

A vontade representa, também, as decisões, as distrações, as conclusões, os objetivos, os julgamentos, os desejos, as exigências, as aspirações, os anseios, os votos, as cobiças, as ambições, as necessidades, as atrações, os projetos, as intenções, as criações, os cálculos, os resultados, as soluções, etc.

Sozinhos em face à nós mesmos

A dúvida é, também, a incerteza, a perplexidade, a hesitação, o ceticismo, a suspeita, a indecisão, a reserva, a prudência, a reticência, a desconfiança, a incredulidade, a suspeita, a circunspecção, a inquietude, etc.

O medo é, também, a tensão, os temores, o terror, a emoção, as fobias, a angústia, a apreensão, a inquietação, a ansiedade, a aflição, a confusão, a tormenta, a preocupação, o espanto, o lamento, o receio etc.

A vontade do nosso duplo só se exprime quando renunciamos à nossa própria vontade.

A dúvida implica supor que nós somos os únicos capazes de encontrar a melhor solução para os nossos próprios problemas.

O medo expressa a nossa dificuldade em aceitar a solução que talvez fosse preconizada pelo nosso duplo.

Em todo caso um pensamento qualquer, quer seja voluntário, incrédulo ou angustiante, cria um futuro que exerce uma atração energética sobre nós, imediatamente. Da mesma forma, uma troca com nosso duplo não é a consequência de uma bondade da sua parte, mas decorre de forças antigravitacionais que ativamos[46].

Essa energia pode ser extraordinária.

Tomemos o exemplo de uma criança que, ao cair do quinto andar do seu apartamento, levanta-se sorridente, sem ter sofrido nenhuma fratura! Eis um acontecimento rico de ensinamentos.

A criança não sabe que ela pode morrer. Ela fica mesmo contente de "voar" tranquilamente, com uma confiança e uma aceitação total numa solução que ela ignora. Nesse caso, ela não atualiza nenhum efeito maléfico com relação aos futuros disponíveis. Assim, ela atrai o seu duplo e a troca dos corpos energéticos provoca uma tão forte levitação que nenhum ferimento é produzido.

É duro para um adulto já em situação difícil encontrar este estado de total entrega, portanto capaz de conduzir sistematicamente, à melhor solução. Certamente é difícil manter um estado de confiança, quando somos acometidos de uma doença grave, que pode ser fatal. Freqüentemente, neste caso, os médicos e os parentes próximos consideram-nos já numa fase terminal. Esta atitude já produz a nossa morte no futuro. Basta a atualizarmos no nosso presente, para que esta predição se confirme. Entretanto, nenhuma doença pode ser considerada incurável: tudo depende dos nossos futuros potenciais e do nosso duplo.

Se os aborrecimentos e problemas, modestos ou dramáticos, nos permitem criar potenciais válidos e positivos, eles têm uma utilidade. Mas eles perdem a razão de existir, caso nos distanciem do nosso duplo e de suas sugestões — que jamais são obrigações.

---

[46] Ver Anexo 6.

As criaturas do futuro, tão somente, podem nos impor um modo de conduta. Elas nos tornam doentes para curar-nos, afim de atestar que nossas vidas podem nos conduzir a um melhor amanhã. Não será este o meio ideal para modificar a nossa consciência e a das pessoas perto de nos? Não seríamos tentados a impor as nossas idéias, sob o pretexto que elas conduziriam à nossa cura? Ora, essas idéias são consideradas indispensáveis, no futuro para viver bem.

Uma cura só é válida quando nos permite construir um futuro melhor. A transformação de nossos pensamentos é mais importante que o restabelecimento de nossos corpos, mas a sua obtenção é mais difícil, já que depende do abandono de idéias bem enraizadas na nossa mente, em função de um incessante parasitismo do futuro. Freqüentemente o nosso meio impede-nos de pensar segundo o nosso duplo, desviando-nos dele, por ignorância.

7 SABER SALTAR OS OBSTÁCULOS

*Os exemplos de autocura que mostramos
não tem nenhum objetivo de promover uma
metodologia pessoal, mas de ensinar o controle
de um princípio vital, acessível a todos.*

Um desequilíbrio qualquer faz nascer, em nosso meio, futuros perigosos potenciais. Necessitamos saber como evitá-los. A este respeito, uma das primeiras pessoas doentes que encontramos é um tocante e esclarecedor exemplo.

Um *câncer* nos pulmões estava rapidamente conduzindo Yolanda em direção a morte, quando ela fez contato telefônico conosco. Foi o seu próprio médico oncologista que, intrigado pelo conhecimento de nosso trabalho científico, informou-lhe o número do nosso telefone.

Uma visita rápida lhe forneceu os elementos rudimentares necessários. Ela não queria perder tempo com detalhes, mas resolver tudo o mais rapidamente possível.

Ela tinha essa atitude de uma criança, com total confiança em seus pais. E por que não no seu duplo? De qualquer maneira, Yolanda não tinha mais nada a perder, por saber, pelas estatísticas médicas, que ela estava praticamente condenada, já com um pé na cova.

A boa surpresa

O tumor desapareceu, totalmente, algumas semanas mais tarde. Entretanto, após seis meses, Yolanda voltou a estar muito aflita.

— "Curada, eu que fumo como uma lareira? Minha porcaria ainda deve estar por ai!"

Temendo a palavra câncer, ela chamava a sua doença de sua "porcaria".

O oncologista nos tinha comunicado sobre a sua surpresa e a sua felicidade. Os parâmetros com relação à Yolanda estavam todos excelentes e ele apenas tinha recomendado para ela voltar ao seu médico clínico para receber algumas vitaminas.

Como ele tinha tido nas mãos os primeiros exames, que evidenciavam a existência do câncer, com o seu previsível final, esse médico nada fez para tranqüilizá-la; muito pelo contrário.

— "Reflita bem; se nós deixamos você fumar, é porque nada mais há a fazer. Uma doença como a sua não perdoa! Você pode viver ainda três meses, no máximo. Olhe o que sucedeu com o Jacques Brel! Com todos os melhores cuidados que o cercavam, ele está morto e enterrado. No seu lugar, eu iria consultar um outro oncologista."

Atônita, não ocorreu à Yolanda afirmar a esse médico que os três meses já tinham passado há muito tempo e que ela estava já acompanhada por um oncologista e um radiologista.

Felizmente, outro exame digitalizado rapidamente a tranqüilizou: ela não tinha mais nenhuma doença. Enfim, o seu semblante expressou felicidade, com uma aparência de dez anos mais jovem.

— "Assistirei a um dos seus cursos de formação, pois eu gostaria de saber como isso funciona, para ser capaz de explicar o que se passou comigo. Vocês sabem que eu não entendi quase nada de suas histórias", disse-nos Yolanda.

Ficamos muito surpreendidos diante desta sua reação, mas felizes por constatarmos que o essencial pode ser resumido em algumas poucas palavras.

Um ano depois, ela nos telefonou, muito satisfeita:

— "Graças ao meu duplo, há dois meses que eu não fumo mais, embora tenha engordado três quilos. Eu posso pedir ao meu duplo para emagrecer?", indagou-nos Yolanda.

— "Nada de pedidos dessa natureza!", respondemos. "Solicitar resolver um problema da melhor forma possível não significa impor a sua solução."

— "O melhor não é me transformar num barril. Ele não pode fazer isso comigo!" respondeu-nos, horrorizada.

Então, fomos tomado por uma grande gargalhada. Nunca antes tinhamos pensado que um problema desse tipo poderia preocupar tanto a uma mulher tão magra!

Sete meses transcorreram.

— "Eu não pude resistir. Recomecei a fumar..." ela nos disse, por telefone.

Então, constatamos que esta queda no vício recomeçou justamente após sete vezes quarenta dias. Apesar dessa precisão, que a confortava em função do que ela tinha aprendido durante várias conversas telefônicas conosco, uma antiga angústia renasceu no coração de Yolanda.

— "O oncologista acaba de me afirmar que, fumando novamente, eu me encontro diretamente no caminho de uma recaída no câncer, que poderá ser extremamente grave. Ele teme pelo pior e me fala de células adormecidas. O que você pensa a este respeito?", indagou-me.

— "Parar de fumar é um ótimo conselho, sobretudo no seu caso. Entretanto, você reencontrou o seu equilíbrio quando ainda fumava, esqueceu-se disso?"

— "É claro que não! Mas já não me lembro de como isto aconteceu."

Percebemos que ela estava em pânico. Ela confessou que não conseguia adormecer sem estresse

Para tranqüilizar-se, ela consultou outro oncologista, que a examinou, após um exame radiológico.

— "Se à senhora tivesse tido o câncer que afirma ter tido, já estaria morta há muito tempo!" disse o médico.

Então, pela primeira vez, ela ousou falar das aberturas temporais e da sua nova maneira de ver as coisas.

Pensando tratar-se de uma mulher com uma doença imaginária e, talvez, um pouco louca, o oncologista retrucou: — A senhora nunca teve

153

nada disso! A senhora sabe bem que o tempo aborrece qualquer pessoa e que, em matéria de câncer, ninguém pode afirmar nada com certeza. Sem falar, como o meu colega, de células que dormem – o que faria rir qualquer biólogo –, posso lhe dizer que eu não sou nenhum adivinho e que morreremos todos por alguma razão, um dia ou outro".

É muito difícil, para uma pessoa doente, fazer admitir que esteja curada, quando ela sofre de uma enfermidade incurável. Nesse caso, como ela poderia falar dessa da alma que a liga ao seu duplo? O nosso meio não está preparado para constatar um fato que se choca com as suas idéias enraizadas. Quem tentar convencê-lo do contrário, incomoda um futuro que logo levará a mente das pessoas justamente àquilo que provará ser o contrário. Assim, o proselitismo leva as pessoas à intolerância, que acaba resultando num efeito oposto ao desejado.

Apagando os "pecados"

Portanto, o fim dos tempos atuais permite reorganizar nossos futuros potenciais perigosos, que os Gregos denominavam de "pecados"[47]. É necessário extingui-los enquanto eles são apenas potenciais, antes de serem atualizados por outras pessoas.

Não deveríamos curar um doente, sem extinguir o seu "pecado", para não nos tornarmos responsáveis por este peso do futuro, que então deveríamos corrigir, antes do fim dos tempos.

Aquele que pode ver um futuro perigoso e suprimi-lo torna-se um excelente terapeuta. O final dos tempos permite essa proeza que somente Jesus podia realizar, há dois mil anos. O que é mais difícil dizer: "Eu tiro o peso do pecado que te paralisa" ou " Levanta-te e anda"?

Façamos algo, antes de duvidar do resultado. Veremos, então, a força do nosso duplo, que não tem limites. Somente as pessoas con-

---

[47] O pecado para os Gregos é: αμα-ρ-τανο (ama-r-tano = pecar). Vai até (tano) a nossa conexão (r = ρ) de desdobramento em direção ao futuro (α). Nós nos tornamos-nos "amar" em vez de permanecer como o inatacável "amo", que é o meio m (μ) entre o futuro (α) e o passado (Ω).

vencidas por essa outra parte de si-mesmas são, naturalmente, convincentes. Os demais são apenas marionetes dos próprios futuros, tentando impor as suas idéias, em detrimento da liberdade dos outros.

Cada pessoa é um maestro de uma orquestra do futuro. Para que perturbar a música do seu vizinho, apenas para impor a sua própria medida? Nós estamos na Terra para criar harmonia entre nossos músicos e não para modificar as partituras de nossos duplos.

Podemos pensar que, quanto menos sabemos, mais repousamos, com toda confiança, em nossos duplos. Entretanto, aproveitando-se de nossa inocência ingenuidade, muitos que se arregimentam como conhecedores introduziram, em nossas mentes, dúvidas capazes de despertar futuros que causam as nossas desordens corporais.

Insistimos que os exemplos de autocuras que descrevemos não têm como objetivo promover uma metodologia pessoal.Trata-se de ensinar o controle de um princípio vital, que é acessível à todos os seres humanos.

Um sinal de alarme

Morrer é nosso destino comum, mas somente nosso duplo deve decidir a data. É indispensável deixá-lo determinar a ocasião, sobretudo quando toda uma equipe médica nos condena, em nome do deus das estatísticas.

Eis um exemplo: um médico sabia que estava perdido, com problemas de tensão arterial elevadíssima, que chegava aos trinta graus. Ele tinha tentado tudo para se restabelecer, sem obter nenhum sucesso. A sua angústia aumentava. Depois que lhe explicamos o mecanismo da antecipação, apenas uma noite foi suficiente para que ele obtivesse uma saudável informação do seu duplo. Logo, a sua tensão voltou ao normal. Em seguida, para dividir o seu entusiasmo com outras pessoas, ele organizou um curso para nós, na sua cidade.

As insônias, as enxaquecas crônicas, as angústias, o alcoolismo, a droga, o insidioso estresse, as mudanças bruscas de tensão arterial e as depressões são desordens que podem ser resolvidas com apenas uma troca com nossos duplos, desde que não procuremos reunir todas as pessoas que sofrem das mesmas patologias. No caso de dependências, é preferível, para não dizer indispensável, evitar os potenciais comuns, que podem agravar a situação.

Será necessário estarmos à beira da morte, para deixarmos de duvidar da capacidade de nossos duplos para resolver os nossos problemas? Uma doença grave é um bom sinal de alarme, pois ela nos liberta dos pensamentos parasitas. Estamos sempre prontos a nos apegarmos a qualquer coisa. O resultado é o que importa, e quando ele aparece, sabemos que se trata de uma extraordinária força, permanentemente à nossa disposição.

Eis o caso de uma mulher completamente só, que estava desesperada em sua casa. O seu marido tinha se suicidado, ao saber que estava com um câncer. Oito meses mais tarde, em grave depressão e saturada de euforizantes, ela não conseguiu recuperar o dinheiro que tinha investido na empresa de seu falecido marido. Os filhos dele não queriam reembolsá-la, mesmo tendo ela cuidado deles com o carinho de uma verdadeira mãe. O processo jurídico que ela impetrou contra eles não teve nenhum sucesso e esta situação a estava destruindo.

Foi quando, interessado pelos nossos ensinamentos, o seu médico solicitou-nos explicações sobre a nossa metodologia. Dispondo apenas de uma hora para apresentá-la, tivemos que ir diretamente ao essencial.

Três dias depois de nossa entrevista, a mulher se sentia melhor. Sem dificuldades, abandonou os tranqüilizantes. Oito dias mais tarde, ela recebia a visita de seus "filhos", que traziam o cheque que ela esperava tanto, expressando-lhe a afetividade dos tempos antigos. Ela ficou estupefata.

A sua desintoxicação em relação aos medicamentos foi surpreendente. Com isso, concluímos que a dependência do tabaco, do álcool, ou de outras drogas poderiam ser facilmente suprimidas, da mesma maneira. No decurso das formações seguintes, participantes confirmaram esta consideração.

Essa busca de equilíbrio pode ser realizada em qualquer situação. Ela não se limita apenas às pessoas doentes. Os sofrimentos sentimentais as vezes são tão invalidantes quanto os de uma doença incurável.

Outra ilustração: abandonada pelo seu namorado, uma mulher de quarenta anos mergulhou na solidão, em Florença, sem filhos e nenhuma vontade de viver. Nada tendo a perder, ela decidiu seguir a orientação da sua tia, que conhecia a energia do duplo, por experiência própria. Após oito dias, um homem lhe telefonou, do Canadá. Era uma antiga paixão, de quando ela tinha dezenove anos. Divorciado depois de muitos anos, "por acaso" ele descobriu uma velha agenda, através da qual ele conseguiu reencontrar o seu antigo amor da juventude. Eis o resumo de um final feliz.

O bom caminho

Isto significa que tudo pode ser bem resolvido? Seria bom demais.

Numerosas pessoas não conseguem obter os resultados desejados. Qual a origem desta desigualdade? É possível afirmar, sem dúvida, que o único limite é aquele que nos impomos a nós mesmos, seja nos enganando com relação à direção, seja pensando que somos demasiado frágeis. Caminhos equivocados são freqüentes quando não temos placas de sinalização e *muitas vezes, queremos, a todo preço, encontrar a solução de um problema que não é o nosso.*

O limite também pode estar em nossas mentes. Por exemplo, quando acreditamos que somos capazes de pular obstáculos de um metro, no máximo, nunca experimentamos elevar a barra à nossa frente. Em quase todos os casos, nós somos os únicos responsáveis por nossos fracassos.

O atual fim de um ciclo solar e o do nosso desdobramento, dele dependente, nos permite erguer montanhas. Esse período nos fornece uma potência criativa sem outro limite além daquele que nos impomos a nós mesmos. Há, também, uma força destrutiva que devemos saber

controlar, sem deixar-nos invadir por pensamentos alheios. As sugestões de nosso duplo deveriam permanentemente nos orientar já que,
atualmente, necessitamos ter o conhecimento do principio vital ligado
ao tempo, mas também utilizá-lo para *"sermos lobos entre lobos e ovelhas entre ovelhas"*.

Sem essa orientação, nos tornamos marionetes daqueles que produzem os nossos futuros, utilizando seu acelerado tempo para mani-
pular-nos, pretendendo estar à serviço de um Deus poderoso ou de
extraterrestres altamente civilizados. Para que seguir os seus conselhos, cindindo-nos com relação ao nosso próprio passado? *As suas falsas idéias possuem a arte de conduzir-nos a um futuro capaz de
convencer-nos que elas são verdadeiras.*

Assim, aquele que tem medo de ser roubado faz nascer, no futuro,
um roubo do qual, logo em seguida, ele podera ser a própria vítima.
Temer a pobreza nos tornam pobres, no futuro; esperar a riqueza enri-
quece os nossos potenciais. Acreditar a partir do nada permite, ao futuro, nos fazer acreditar naquele que ele cria sobre essa crença. Desta
forma, o nada se torna um tudo inútil.

Assim, quantos falsos deuses são produzidos nas nossas memórias, a
partir de dogmas que existem apenas para nos enganar! Eles extraem
suas energias no potencial individual correspondente aos nossos projetos
passados, ainda disponíveis. Este potencial torna-se coletivo, quando outra
pessoa o utiliza para viver o instante presente. Atraídos pelo aspecto maravilhoso, gurus inconseqüentes utilizam, sem controle, o fluxo das suas
idéias intuitivas cujas fontes encontram-se, na realidade, em nossos próprios pensamentos. Desta forma, eles permitem atualizar, na Terra, futuros
inúteis ou perigosos, extraídos de nossas situações passadas.

Assim, acreditar que o caos é iminente e que um futuro infernal deve
castigar o mundo faz nascer, imediatamente, um inferno caótico no
nosso futuro que tenta depois restituí-lo para nos. Videntes ou "canais"
mais ou menos inspirados, que pregam a paz na Terra bradando o espectro de terríveis cataclismas, freqüentemente encontram-se na fonte
mesma de um caos planetário que, justamente, eles buscam evitar.

No momento atual e talvez ainda por algum tempo, nós somos mestres das nossas aberturas do tempo. Em breve, haverá uma grande abertura, fazendo escoar o fluxo dos exploradores de nossos futuros potenciais. Como pensar que essa invasão pode trazer a paz no mundo, se não somos capazes de modificar, rapidamente, os nossos projetos?

Entretanto, por que modificar as nossas idéias se nem sabemos como receber e partilhar as informações de nossos duplos, os únicos conhecedores de nossos verdadeiros desejos?

Sem essa partilha de conhecimentos, a nossa sobrevivência se tornará impossível nos anos vindouros. A era de Aquário, na qual termina o desdobramento do tempo, a cada momento envia um sopro de imortalidade sobre nossas mentes, para que possamos refazer a nossa unidade.

8 DOIS MERGULHOS NAS ABERTURAS TEMPORAIS

Jean-Pierre Garnier Malet

Há mais de quinze anos

Há mais de quinze anos, abrindo, sem saber, as portas do tempo, eu descobri a teoria do desdobramento. Em apenas quinze minutos eu compreendi toda a concepção, do início ao final. Alguns me falaram de visão e outros de um estado ampliado de consciência.

Na minha percepção o tempo parou subitamente, para que eu pudesse ver, entender, escutar, sentir, analisar e compreender uma Lei Universal bem conhecida pelas antigas civilizações.

Em quinze minutos, eu recebi informações milenares, que nossos ancestrais resumiam muito bem, falando do "princípio do alfa e do ômega".

Um genial Princípio Criador!

Afirmo isso sem nenhuma pretensão, pois eu não sou o autor dessa descoberta, mas tão somente o seu escriba. Bastou-me utilizar os meus saberes de físico, para assentar as bases, no marco de um formalismo atual, das informações científicas, que um estranho visitante de outro mundo e de outro tempo veio me revelar. Para ser sincero, eu não consegui compreender isto tudo, imediatamente.

Então, buscando compreender, eu mergulhei no estudo de intermináveis equações.

Não é fácil utilizar cálculos clássicos acerca de um tempo que já não é mais absolutamente o mesmo! Esse último me ocultava a sua propriedade fundamental, porque o considerando universal, a nossa ciência o tinha reduzido, na minha mente, a uma só dimensão.

Jamais havia pensado ser possível viver, em um mesmo instante simultaneamente, em três tempos diferentes.

Felizmente, a minha esposa veio socorrer-me, de maneira bastante curiosa. Ela despertou, certa manhã, com uma única fórmula na mente:

"πR dois igual a quatro πR".

Por não ser profissional em matemática, ela pensou que esse sonho me era destinado. Os acontecimentos posteriores lhe deram razão, evidenciando que um mundo imperceptível transmite-nos informações capitais durante o sono. Com efeito, ela "recebeu" a equação do desdobramento através de uma antiga fórmula[48], sem dúvida mais fundamental: *Ora=arO* (ou, em grego: $\Omega\rho\alpha= \alpha\rho\Omega$).

É totalmente impossível ter sido isto produto de um mero acaso!

Em Grego, *arO* $(\alpha\rho\Omega)$ significa crescer no futuro. O seu inverso, *Ora* $(\Omega\rho\alpha)$, significa a divisão do tempo. Reencontramos a expressão hebraica *"aOr"*, que representa a luz criativa; e em egípcio o deus Ra (o Sol), que religa o povo ao olho solar, fonte da vida.

A relação *Ora=arO* $(\Omega\rho\alpha= \alpha\rho\Omega)$ que atualmente não aparenta ter mais nenhum significado preciso, do ponto de vista da matemática e da física, nos ensina, enfim, que na Grécia antiga o fracionamento ou a divisão do tempo dirigia a vida, de maneira completamente científica. Como também para os Egípcios.

No final do tempo do nosso desdobramento, nós necessitamos de instruções do passado para sobreviver, pois o futuro que nós temos construído virá nos perturbar. É lógico, então, receber ensinamentos salutares.

---

[48] Lembrete : Ora ($\Omega\rho\alpha$) significa a divisão do tempo e arO ($\alpha\rho\Omega$), crescer no futuro. Ver em publicações científicas: a equação do desdobramento $(\kappa\pi R^2)+ = (4\kappa\pi R\rho)$ – pode ser escrita de forma diferente com o/os circulo Ω e a na fórmula $\Omega\rho\alpha= \alpha\rho\Omega$

Neste atual momento, um enviado do Criador explora o futuro para guiar-nos. Ele conhece a lei do *"Oura" (Ωρα)*. Ele é mesmo o enviado (*èl, élohim ou elos*) desta lei, ou seja, *Oura-èl*.

Com o seu carro varredor, que recolha os atrasados perdidos nas trevas, *Ouriel* é, de acordo com a tradição, o anjo saído das plagas infernais. Desdobrado do Criador, ele recupera as energias perdidas nas aberturas temporais as mais distantes, no momento em que o apocalipse abre nossas sete comportas do tempo.

Ele deverá nos resgatar. Quanto a nós, necessitamos nos preparar para este momento.

Seria pretensioso dizer que o tempo tornou-se, para mim, um Tempo muito precioso, o dia no qual essa criatura excepcional me revelou a lei do desdobramento, que permite explicar o universo, as forças que estão em jogo e a necessidade de um maestro — o seu Mestre Absoluto?

"Entre o Ser indivisível (Criador) que é sempre o mesmo, e o Ser divisível (Duplo) que passa a ser nos corpos, ele forma através de uma mescla dos dois, um terceiro tipo de Ser (Criatura)."

Platão (Timeu-Crítias)

CONCLUSÃO

Procurar um equilíbrio pessoal é impossível, sem o conhecimento do nosso desdobramento e do objetivo da nossa encarnação. Rigorosamente demonstrada, publicada e evidenciada, a teoria científica que explica os diversos tempos que regem o universo, pode nos oferecer uma saída de um esoterismo estéril que, com a ajuda de um racionalismo ou da viseira de um dogmatismo, nos sufoca após dois mil anos, sob as ondas espumantes da superstição e da suposta paranormalidade.

Por muito pouco tempo ainda, estamos mestres do nosso futuro e das portas do tempo.

Aproveitemos!

Nós nos desdobramos para explorar um espaço perigoso que, pouco a pouco, em cento e oitenta anos, fechava as suas doze portas planetárias, separando assim, durante vinte e cinco mil anos, os sete tempos necessários à diferenciação vital do passado, do presente e do futuro. Isso não é uma suposição; trata-se de uma realidade explicável de modo muito rigoroso.

Depois, separados do Criador – cuja existência e unidade são uma obrigação de espaço e de tempo — construímos futuros potenciais perigosos, que precisamos suprimir. Vivendo em coletividade, nós somos sempre responsáveis pela infelicidade das pessoas que atualizam essas potencialidades para viver ou sobreviver. Essa responsabilidade é difícil de assumir e carregar. Ela pode impedir a nossa reunificação no "final dos tempos do desdobramento", cuja ocorrência pode variar entre o amanhã até uma data limite totalmente teórica e, certamente, irreal em vista da atual atividade solar e magnética.

Nossa encarnação na terra tem como único objetivo permitir ao nosso "duplo" resolver o futuro, por nós mesmos perturbado. Nós lhe servimos de trampolim rumo ao futuro que deveríamos construir, de acordo com os seus conselhos. Permitindo que o duplo faça a limpeza cotidiana nos nossos potenciais futuros,

repudiaremos esse final, que poderá então trazer seus bons efeitos, afastando o caos previsível. O apocalipse reencontraria, assim, o seu sentido etimológico: a descoberta maravilhosa do escondido. A elevação do nível dos oceanos, o aquecimento solar, as modificações climáticas e tantos cataclismos que acreditamos, equivocadamente, serem naturais, desapareceriam aos poucos. Então, o planeta passaria a atualizar somente futuros aceitáveis por todos.

Jesus, o imortal

Ignorando o nosso passado, acabamos produzindo possibilidades futuras sem relação com esse outro *nós mesmos*, que nossos ancestrais denominavam de "Agguelos", sabendo perfeitamente que o seu papel era o de ser nosso "mensageiro dos tempos" e não esse anjo demolido por um esoterismo mal compreendido. Ao invés de deixá-lo resolver os nossos problemas nas nossas aberturas temporais, nós criamos outros, modificando a nossa consciência e, assim, esquecendo as nossas decisões iniciais em comum. Não mais o escutando, nós o destruímos, quebrando a imagem que o Criador queria de nós, no futuro. Como poderemos reencontrar nossa unidade?

Rejeitaremos essa parte de nós mesmos, se não pudermos mais reconhecê-la. A luz do seu tempo mais lento nos enviará às trevas do futuro, lá onde a nossa vida terrestre criou uma realidade acelerada, correspondente aos nossos desejos mais profundos, mas totalmente inúteis para o nosso duplo. Como ele "é", "era" e "será" sempre ligado a nós, ele nos seguirá, quando recomeçar um novo ciclo de desdobramento. Nós o fecharemos conosco, durante vinte e cinco mil anos longe do Criador, dentro do espaço onde ele se tornará uma energia perdida, um anjo caído, uma criatura mortal como aquelas que parasitam, atualmente, o nosso mundo, levando-nos ao caos.

Tal era a situação no início da nossa era, antes que Jesus, criatura como nós, e não Criador, veio extirpar os nossos duplos de esses infernos obscuros, para conduzi-los aos seus devidos lugares no futuro do Criador, ao lado do seu, o famoso "Paráclito". Não explicando logicamente essa verdadeira redenção, os cristãos transformaram um princípio científico, compreensível a todos, em dogma inexplicável. A fé, que era uma certeza, transformou-se em um mistério divino. Durante o Concílio de Nicéia, Jesus, mais de três séculos depois da sua morte, tornou-se Deus — Pai, Filho e Espírito Santo —, enquanto ele era somente uma criatura, beneficiando-se de sua posição de imortal, no passado do seu duplo.

A certeza se torna fé, quando a verdade é oculta num dogmatismo estéril, assim permitindo aos poderosos, de agora e de então, manter as nossas costas curvadas, sob o peso de suas iniqüidades.

Esta certeza permitia afirmar, no início da nossa era, realidades rigorosamente científicas, que ainda não tinham sido desnaturadas por uma corrompida hierarquia político-religiosa e, por esta razão, pouco digna de fé.

"Quem conservar as minhas palavras não provará da morte", afirmou Jesus[49]. Essa morte diz respeito, precisamente, ao nosso duplo. Jesus pode proferir as palavras de vida eterna, pois, como toda criatura ligada pelas trocas de informações permanentes com o Criador, ele sabe o que fazer para reencontrar o nosso espaço de imortais.

Na véspera da sua morte, Jesus afirmava que existiam outros tempos e outros mundos habitáveis, sem que ninguém sonhasse contradizer uma tal certeza, admitida desde a noite dos tempos[50]: "Existem muitas moradas na casa do meu Pai, onde eu lhes prepararei um lugar".

---

[49] Evangelho de São João: VIII-52.
[50] Evangelho de São João: XIV-2.

Nossa reunificação nos leva para o interior de outros espaços, durante os 1.080 anos de transição entre ciclos do desdobramento. *Trata-se de uma lei física e não de uma utopia esotérica.*

É necessário ter um guia

Para esta nova exploração do espaço, um guia é necessário para reencontrar os instintos de sobrevivência do nosso corpo e as intuições vitais do nosso espírito.

Ele nos permite refazer a nossa bagagem de explorador, abandonando o inútil, substituindo-o pelo indispensável[51]: " e todos os que se recusarem adorar a Besta e a sua imagem (no futuro), recuperarão a vida e reinarão com o Salvador, durante mil anos. Essa é a primeira ressurreição."

Podemos compreender agora, após a leitura desse livro, que não existe nenhuma lenda, nenhum dogma, nenhum segredo esotérico; o que existe é uma verdade científica, rigorosa, indubitável e, sobretudo, acessível a todos.

Nossa época acaba de abrir os corredores de informações universais. De agora em diante é muito fácil tanto desequilibrar-se quanto encontrar a paz e a tranquilidade. Nós atualizamos demasiados futuros perigosos e o planeta, por sua vez, o manifesta. Se mudarmos nossos desejos e nossos comportamentos, transformamos nossos futuros, beneficiando-nos, assim, de outros potenciais que estabilizarão o nosso mundo. Evitando assim graves cataclismos, poderemos retardar a data do fim dos tempos que, em relação aos parâmetros solares e magnéticos, parece indicar que se aproxima, de forma muito perigosa.

Entretanto, é inútil desesperar-se, o que apenas atrairia ainda mais desespero. Fomos nós quem criamos a desordem. Deixemos os nossos duplos reintroduzirem ordem, nem que seja para apenas sobrevivermos

---

[51] Apocalipse de São João: XX-4&5.

nos próximos anos! Antes do fim dos sete tempos, nós ainda somos mestres das nossas aberturas temporais e do nosso amanhã.

Extraterrestres, criaturas das trevas são, por enquanto, apenas chamados cuja importância e perigo estamos subestimando. Atrair para a Terra futuros potenciais compatíveis com o passado de nosso duplo deveria ser o objetivo de nossa vida. Ora, isso não é difícil, pois é suficiente deitar-se e sabermos adormecer. Assim, recuperaremos os nossos próprios pensamentos e poderemos viver em função das nossas escolhas iniciais.

Reencontrar as questões que foram nossas antes de nascer é mais importante que resolver problemas sem nenhum interesse para nosso duplo. Encontrar o equilíbrio consiste em tornar compatível o nosso mais distante futuro com o nosso mais distante passado, afirmavam os nossos ancestrais, sendo o meio "mu" *(mésos ou messias)* entre o alfa e o ômega de nosso desdobramento. Esta exploração foi a árdua tentativa de Jesus no início da nossa era. Ele nos anunciou o seu retorno e, como evidência de que conhecia a lei dos tempos, ressuscitou um corpo depois de três dias e durante quarenta dias.

Para que ele possa voltar, é preciso que um duplo esteja em relação com o seu. Isso significa que um de nós deve estar em harmonia de pensamentos com todos aqueles que, como ele e tantos outros profetas, a exemplo de Buda, Lao-Tsé, Zoroastro, Maomé e outros menos conhecidos, nos deixaram a mesma mensagem, de uma simplicidade evangélica: "Não penses em fazer ao outro aquilo que não queres que o outro pense em fazer-lhe!" Eis a única maneira de tornar todos os nossos futuros potenciais sem riscos e úteis para a coletividade.

Ora, renunciando a toda racionalidade, preferindo o esoterismo da paranormalidade à normalidade científica, a humanidade se alia a um perigoso futuro, assim abandonando a segurança do seu passado.

É urgente retroceder antes que o fim dos tempos torne incontrolável as nossas aberturas temporais, pois a porta do futuro se abre antes da porta do passado. Nós sofreremos os problemas que criamos, antes de encontrarmos uma solução. Da mesma forma, o melhor é nada criarmos que não seja compatível com as possibilidades dos nossos "duplos". Somente eles poderão nos abrir a porta do Criador.

Procurar um equilíbrio planetário sem se dar ao trabalho de encontrar o equilíbrio pessoal é ilusório. Encontrar esse equilíbrio sem conhecer a lei física do desdobramento é mais ilusório ainda.

Buscando a compreensão do princípio vital, de maneira rigorosa ligado ao passado e ao futuro, esse livro tem, como objetivo essencial, ajudar a solucionar nossos problemas, pelos quais somos os únicos responsáveis. Apenas o leitor poderá afirmar que o mesmo foi alcançado, com a condição de ter esquecido todo o seu conhecimento anterior e de ter colocado em prática, durante quarenta dias, tudo o que dele aprendeu!

IV

ANEXOS

ANEXO 0

O grego e a teoria do desdobramento.
(o alfa e o ômega)

O alfabeto grego antigo era composto de vinte e sete letras, que serviam para contar (ex: alfa = α torna-se α' = 1).
Três letras antigas desapareceram:
(o) épishémon (ou digamma), (o) koppa e (o) sampi:

Alfa	1	Iota	10	Rho	100
Beta	2	Kappa	20	Sigma	200
Gama	3	Lambda	30	Tao	300
Delta	4	Mu	40	Upsilon	400
Épsilon	5	Nu	50	Phi	500
Epishemon	6	Xi	60	Ki	600
Zeta	7	Ômicron	70	Psy	700
Heta	8	Pi	80	Omega	800
Theta	9	Koppa	90	Sampi	900

Podemos considerar que o movimento do desdobramento (figura abaixo) separa uma partícula *alfa* α em dois: uma partícula radial que atravessa um horizonte circular Ω de raio R e uma partícula tangencial que o envolve.

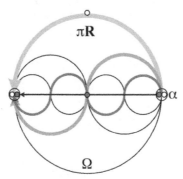

Os caminhos possíveis indicados no desenho acima são todos curvilíneos e da mesma largura:

πR onde π = 3,14159...

Idem para o diâmetro constituído de uma sucessão de círculos de raios infinitamente pequenos:

πR = 2πR/2 = 4πR/4 = 8πR/8 = ... = πR

Para que as trajetórias das partículas desdobradas sejam idênticas, é necessário que as mesmas nunca efetuem uma trajetória retilínea. Notemos que essa consequência do movimento fundamental é perfeitamente constatada na física das partículas. Uma trajetória pode parecer retilínea para um observador, quando sua percepção do movimento é limitada no infinitamente pequeno. No infinitamente grande, esse movimento curvilíneo é percebido muito bem (ex: o movimento da Terra em torno dela mesma e em torno do Sol).

Esse movimento considera assim uma partícula (alfa minúscula) ligada a um horizonte (ômega minúsculo). Ora um horizonte é igualmente uma partícula (Ômega maiúscula) ligada a outro horizonte (Alfa maiúscula):

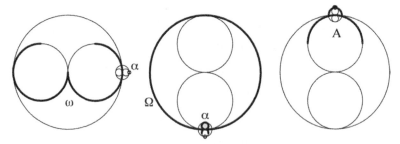

E assim que se declina, de maneira dinâmica, todo o alfabeto maiúsculo e minúsculo ou minúsculo e maiúsculo. Isso representa: 4×27 = 9×12 = 108 possibilidades.

O rho ρ (ou r grego) tem um papel particular. Ele é o elo entre um alfa e um ômega e corresponde, também, a uma aceleração do movimento de desdobramento de 1 a 100, quer dizer, de (α = 1) a (ρ = 100).

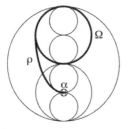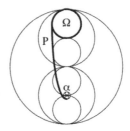

Ora, a partícula α no horizonte Oo efetua oito movimentos radiais durante o deslocamento radial do horizonte (considerado como partícula) de Oo ate O1 dentro do seu próprio horizonte. Este deslocamente corresponde a um dos oito movimentos radiais da partícula:

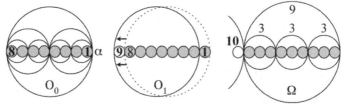

Desse fato, a partícula radial sai do seu horizonte uma vez que ela percorreu nove vezes a sua própria dimensão, o décimo movimento radial então é o primeiro, dentro de um segundo horizonte radial.

Esse movimento prossegue no horizonte Ω que, por sua vez, é considerado como partícula radial do seu próprio horizonte:

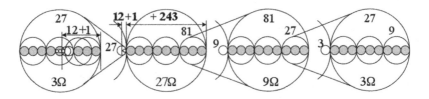

Assim, obtemos 12+1 movimentos radiais suplementares da partícula inicial α, depois desses 243 primeiros movimentos radiais no horizonte 27Ω, ou seja, 256.

Nota-se que:

$$243 = \quad 3{\times}3{\times}3{\times}3{\times}3 \quad = 3^5$$
$$256 = 2{\times}2{\times}2{\times}2{\times}2{\times}2{\times}2{\times}2 = 2^8$$

175

Esta particularidade permite justapor dois movimentos diferentes: o que permite dilatar a partícula (x2) e o que considera o deslocamento do seu horizonte (x3).

"Com a ajuda de intervalos de 1+1/8, ele preencheu todos os intervalos, deixando subsistir de cada um deles tal fração que o intervalo foi definido pelo relação 243/256." Não é surpreendente ler esta frase, perfeitamente científica, em Platão (Timeu/Crítias)?

A simplicidade da representação esquemática do movimento não deve esconder a sua complexidade, pois o plano onde são representados os movimentos radiais e tangenciais (desenho abaixo), é também num movimento do desdobramento. O desenho abaixo mostra a dificuldade de seguir uma partícula e um horizonte desdobrados, num espaço em desdobramento, pois o maior horizonte está, ele próprio, em movimento.

O interesse do alfabeto grego é de ser uma excelente pedagogia para reter o essencial. Nenhuma palavra grega antiga escapa à compreensão desse movimento fundamental. É assim que percebemos um espaço Hρα interligando dois espaços Ωρα.

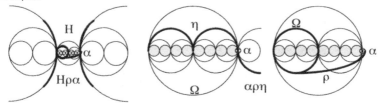

Quanto ao espaço αρη ou αιρω, ele desenvolve, cresce, e levanta o horizonte Ω, de onde se origina o sentido dessas palavras.

Podemos dizer que todas as palavras gregas são dirigidas pelo movimento do desdobramento e que a única numerologia válida se aplica a esta língua, certamente à origem de todas as demais.

ANEXO 1

*A velocidade da informação
ao serviço do nosso desdobramento.*

Parece impossível alcançar a velocidade da luz para, sensivelmente, tornar o tempo mais vagaroso. Não acreditamos ter os meios de colocar em marcha uma tal viagem. Ora, todas as propriedades físicas universais são utilizadas pelos seres vivos. Seria isso uma exceção? Claro que não. Nosso corpo ondulatório ou energético vai bem "além" dessa velocidade limite, que não permite acessar o que nós chamamos, simplesmente, "o além" da nossa observação e da nossa percepção.

Nosso universo nos fornece uma impressão de infinito, pois a luz que nos permite perceber os seus limites observáveis leva quase quatorze bilhões de anos para nos alcançar, numa velocidade de quase 300 000 km/s. A velocidade da informação é muito mais rápida. Experiências muito recentes[1] nos conduzem a pensar que esta velocidade é infinita. Na realidade, a teoria do desdobramento permite calculá-la de maneira muito precisa[2] : ela é igual a 857 bilhões de km/s, o que pode parecer infinito para um experimentador no laboratório, que dispõe de aparelhos insuficientemente precisos.

Com esta velocidade fenomenal, uma informação proveniente dos limites do nosso universo nos chega em 85 anos. *Uma vida terrestre dessa ordem permitiria o acesso às respostas universais, para cada uma das nossas questões.*

Essa velocidade, bem superior à velocidade da luz, não pode ser observada no nosso universo, pois essa última corresponde à percepção do nosso tempo presente. Tudo o que é mais rápido faz parte de um outro tempo, passado ou futuro, não observável por definição mesmo do desdobramento.

---

[1] A Experiênças de A. Suarez, 2002, confirmando as de A. Aspect, 1982 e de N. Gisin, 1998.
[2] Ver publicações: $C2 = 7C1 = 105(73/12)\,C0$, onde $C0$ = velocidade da luz.

Esta lei nos faz compreender que o fim do nosso desdobramento nos fornecerá as informações do universo, com a máxima velocidade. As estrelas permanecerão em seus lugares, mas a percepção mais rápida de suas luzes mudará a nossa visão. Teremos a impressão que elas estarão se aproximando.

"E as estrelas cairão do céu"[3], dizem os evangelistas, como sinal do fim dos tempos.

Nosso universo dará a impressão de se contrair sem, no entanto, mudar de lugar; *"E as potências dos céus tremerão"*[4].

Não são estas informações rigorosamente científicas?

---

[3] Evangelho de São Marcos: XII-25
[4] Evangelho de São Lucas: XXI-26 & 27

ANEXO 2

*O ciclo do desdobramento
da nossa estrela.*

Como nós, as estrelas são sistemas duplos, com a possibilidade de mudar as velocidades do tempo. Seis acelerações separam sete tempos diferentes, passando da luz do passado às trevas do futuro. Proveniente da lei do desdobramento, do alfa e do ômega, a astrologia original era a astronomia a serviço da vida.

Para passar de zero a cem kilometros por hora, o condutor de um carro utiliza um câmbio de velocidade. Da mesma forma, para passar do passado ao futuro, a teoria do desdobramento — e o nosso sistema solar, que a obedece — impõe seis mudanças de velocidade do tempo. O passado vive no ponto morto, digamos que no primeiro tempo. Ele passa as três primeiras velocidades para chegar ao quarto tempo. Então, o presente passa três outras velocidades, para chegar ao sétimo tempo do futuro.

Tempo 1:	passado	tempo lento	↓
Tempo 2			
Tempo 3			seis acelerações
Tempo 4:	presente	nosso tempo	do
Tempo 5			tempo
Tempo 6			
Tempo 7:	futuro	tempo acelerado	↓

Os sete tempos do desdobramento.

A aceleração do tempo atenua as vibrações luminosas.

Após cada mudança de velocidade, a luz se separa um pouco mais das trevas e a abertura temporal do sétimo tempo torna-se imperceptível fora das trocas de informações.

"E tendo Deus concluído sua obra no sexto dia, descansou no sétimo dia", diz a Bíblia, precisando que a cada vez *"transcorrreu uma noite e uma manhã"*.

O motor solar leva quase doze mil e duzentos e cinqüenta anos para separar o passado luminoso do futuro obscuro, de acordo com um espectro de cores observáveis no arco-íris, tanto atualmente como nos tempos antigos: não há nenhuma necessidade de aparelhos, pois o simples olhar é suficiente. Depois ele se torna mais lento durante o mesmo período, para re-equilibrar os diferentes tempos e voltar ao ponto morto.

Trata-se, então, do fim dos sete tempos necessários ao desdobramento ou, como diziam nossos ancestrais, com todo o conhecimento de causa, eis "o fim dos tempos".

Um motor leva tempo para alcançar a velocidade regular e não pode parar instantaneamente. O mesmo acontece com a separação do tempo nas aberturas temporais. Nosso sistema solar joga o papel de um estroboscópio que, a exemplo do que é utilizado nas discotecas, alterna luz e escuridão. Com doze alternâncias principais formando "seis dias e seis noites", ele clareia nossa pista de dança solar durante vinte e cinco mil anos.

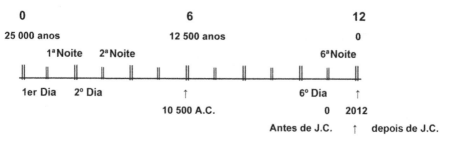

Os doze períodos do nosso ciclo do desdobramento.

Isso corresponde ao ciclo bem conhecido da precessão dos equinócios de 25.920 anos, que termina atualmente.

Imaginemos a Terra suspensa por um fio! Ela gira dentro do sistema solar como um pêndulo. Uma volta dura 24.840 anos. O pêndulo solar na galáxia adiciona 1.080 anos.

O ciclo do desdobramento termina a cada 24.840 anos.

Os sete tempos se equilibram, novamente, em seis períodos de 30 anos. Em seguida vem o período de transição de 1.080 anos. Bem conhecido pelos nossos ancestrais, o "fim dos tempos" termina nosso desdobramento. Ao constatar, ao mesmo tempo, nossos futuros potenciais e nossas questões passadas, descobrimos o que a separação dos tempos nos ocultava.

Em grego, essa descoberta do oculto era denominada *apo-calypsos*.

Ele surge depois de 100 revoluções de Plutão em torno do Sol, com a duração de 248,4 anos, cada uma.

Ora, nós vivemos os seis períodos do nosso apocalipse sem nem mesmo o saber. Com efeito, a teoria permitiu prever uma explosão solar significativa em 13 de Março de 1989, que devia marcar o final dos três primeiros períodos de 30 anos. Isso, de fato, aconteceu. A sua força e a trovoada geomagnético foram fenomenais.

Imaginemos um terremoto! Sabemos que ele é muito forte quando chega à intensidade de oito graus da escala Richter. Se quisermos comparar a agitação da nossa estrela a um abalo sísmico, teríamos que considerar o grau de intensidade cem, nesta mesma escala. A potência dessa explosão ultrapassa a nossa compreensão. O Canadá ficou sem eletricidade durante vinte quatro horas e as comunicações e transportes aéreos foram perturbados. Notemos, entretanto, que este fenômeno permanece normal, pois ele equilibra os três tempos, que nos separam do futuro.

Efetuadas, de maneira sistemática, depois de 1868, as observações do nosso Sol revelam bem três marcantes explosões anteriores: em 1899, 1929 e 1959. Depois de 1989, estávamos nos três últimos períodos, cuja duração não é mais calculável. Ora, em agosto de 2003, uma explosão solar abriu o penúltimo periodo. Duas réplicas, em novembro de 2003, provam uma aceleração terrível deste fim. Depois de 1989, vivemos dentro das aberturas temporais do passado e, por isso, não somos mais mestres desse tempo lento e não podemos predizer a data final.

Datas teóricas: 1899 — 1929 — 1959 — 1989 — 2019 — 2049 — 2079
Datas observadas: 1899 — 1929 — 1959 — 1989 — 2003
Datas ainda possíveis: 2033 — 2063
Datas prováveis: 2008 — 2012

As sete aberturas (selos) do Apocalipse.

Nós já perdemos 16 anos, em relação à data teórica. Assim, o fim dos sete tempos pode acontecer tanto amanhã como em 2063, atual data derradeira dos seis períodos.

Durante o dia bíblico de 2070 anos, os tempos se aproximam e as informações entre o passado e o futuro tornam-se mais fáceis. Depois do crepúsculo de 90 anos, a "noite" os separa, tornando essas mesmas trocas difíceis e as intuições menos eficazes.

A noite bíblica (dilatação)　　　　　O dia bíblico (contração)

A respiração dos tempos.

Conhecendo essa "respiração" em doze ciclos de 2.160 anos, os egípcios falavam da serpente dos tempos.

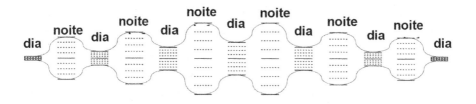

A serpente dos tempos.

Exigindo um grande conhecimento do passado e do futuro, o «dia» nos oferece uma intuição maior. A noite nos isola do nosso duplo e das suas sugestões vivificantes. Os perigos tornam-se maiores, as trevas muito mais em forma, tão violento o parasitismo que « o príncipe do nosso mundo» torna-se aquele dos nossos futuros perigosos e, freqüentemente, infernais.

O fim atual deste ciclo, ou término dos tempos, nos fornece enormes possibilidades intuitivas e instintivas. Por isso, atualmente é muito fácil se equilibrar ou se desequilibrar.

Os faraós conheciam esta respiração em doze tempos que eles representavam sob a forma de uma corda ou de uma serpente.

As doze portas.

O livro egípcio das doze portas pode ser muito facilmente decifrado através da teoria do desdobramento, que torna obsoletas todas as interpretações esotéricas sem interesse.

É evidente que a sabedoria dessa época era capaz de definir, através dos astros, as seis acelerações. A astrologia era mais exata que a nossa astronomia que ignora, até agora, os meandros da lei do desdobramento dos tempos. De fato, uma estrela utiliza seis espaços duplos que se estendem da pedrinha à nuvem, passando ou não pelos astros, possuindo ou não satélites. A nossa estrela não escapa a essa regra:

1. Sol (Plutão) — 2. Mercúrio (Netuno) — 3. Vênus (Urano)
4. Terra (Saturno)
5. Marte (Júpiter) — 6. Asteroides (Cintura de Kuipper) — 7. Nuvem de Orto

Esses seis espaços duplos são os seis pinos da caixa de velocidade dos nossos sete tempos, definidos pela teoria do desdobramento.

Todas as estrelas podem ter planetas ou, como afirma a física, somente os pontos de passagens obrigatórios para as partículas que elas liberam ou que elas atraem. Associados dois a dois, são necessários doze, que se organizam segundo, com a mesma lei. A potência e a tecnologia de nossos telescópios atuais, permitiram confirmar o que a teoria do desdobramento nos impõe.

E certo que, nos anos 60, os astrofísicos pensavam que 15 % das estrelas da nossa galáxia eram duplas. Esta visão continha poucas exceções. Atualmente, essa porcentagem de 87 % sobre duzentos bilhões de estrelas que compõe a nossa galáxia, ainda surpreende a maioria dos cientistas.

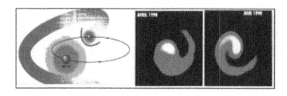

Uma estrela dupla e o movimento do desdobramento.

$\Omega\rho\alpha$ = **Oura**

Antigamente chamado de princípio do alfa e do ômega, o movimento de desdobramento religa o horizonte Ω e a partícula α pelo laço ρ. Não é por acaso que, em grego, $\Omega\rho\alpha$ significa a divisão do tempo.

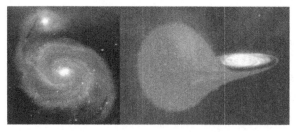

Uma galáxia dupla   *Uma supernova*
(estrela no fim de ciclo)

Respiração universal.

Na realidade, todos os espaços são duplos, sem serem idênticos. Cada um respira de acordo com um movimento de desdobramento.

Da bactéria ao universo, passando por uma estrela como a nossa, tudo é segundo a imagem dessa respiração universal, que transforma um horizonte de informações Ω num pequeno núcleo α, de um novo horizonte, com um movimento duplo conhecido, no Oriente, com os nomes de "yin" e "yang".

Os planetas, simplesmente, são núcleos dentro de envelopes que se tornam núcleos dentro de seus próprios envelopes. Como os tempos, os espaços se superpõem sete vezes.

Esta superposição obtém um efeito surpreendente. Tomemos um simples exemplo: se você chutar uma bola, você saberá como ela reagirá,

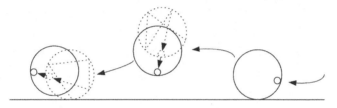

sobretudo se você for um campeão de futebol. Entretanto, eis o que acontece se você colocar uma pequena peça de aço no interior da bola:

A bola muda de trajetória e, no final do seu curso, avançará, com sobressaltos imprevisíveis, decorrentes do percurso da pequena bola de aço no seu interior.

Nossos planetas são bolinhas dentro de bolas imperceptíveis, elas mesmas bolinhas em suas próprias bolas. Cruzando-se, interchocando-se, encaixando-se, dissociando-se, essas bolas formam os pinos da caixa de velocidade de nossos sete tempos. Para quem conhece a regra do jogo, os movimentos perceptíveis das bolinhas planetárias permitem acompanhar os movimentos imperceptíveis de seus envelopes.

Observando-os, podemos calcular a duração e o momento das aberturas temporais, que regulam nossas vidas. Sem o conhecimento dos envelopes é difícil compreender o mecanismo das doze portas planetárias e de suas fechaduras.

Na mitologia grega, o espaço fecundo é dirigido por Hera, que abre as doze fechaduras do tempo. Em grego, fechadura quer dizer chave *(cleis)* e *Hera-cleis* ou Hércules era aquele que podia abrir as doze fechaduras graças aos doze trabalhos, encomendados pela deusa Hera. O universo possui essas doze portas e, por isso, apresenta uma configuração dodecaédrico, que ainda não foi evidenciado pela astrofísica, apesar das descobertas recentes sobre a radiação fóssil do Big Bang. É difícil compreender um tempo espacial, quando já temos dificuldade em imaginar um espaço temporal.

Nossos ancestrais falavam "dos sete tempos" e dos doze espaços ao serviço da vida (*zoi-diáconos* ou zodíaco) disponíveis em nossas vidas para melhor equilibrar o nosso tempo presente. Eles sabiam que essa diferenciação era periódica, ligada aos astros. Sem ter necessidade de observá-los, eles conheciam o sol e seus planetas, que formavam os sete tempos ou laços planetários. Suas tábuas astrológicas definiam seis acelerações do tempo, separando seis espaços duplos planetários, interligados pelas doze portas.

Certos astrólogos modernos deduzem, de forma equivocada, que conhecem sete astros observáveis a olho nu, que lhes permitem compreender a vida: o Sol, Mércurio, Vênus, a Terra, a Lua, Marte e Júpiter. É nossa astrologia moderna que não compreende mais as sete justaposições dos tempos.

Sabemos, com o apoio de evidências, que Michel de Nostradamus (1503-1556) possuía tábuas astrológicas implicando Netuno e Plutão. Ora, esses planetas só foram descobertos pela nossa ciência muito recentemente: Netuno em 1.846 e Plutão em 1.930!

Aquele que conhece as associações das doze bolas planetárias não ignora as pequenas bolinhas, mesmo que não possa observá-las.

Sem observação direta para sustentar suas teorias, os astrólogos do século XVI sabiam que seis espaços duplos, separando sete tempos, permitem o desdobramento. Renunciando admitir o futuro e o passado no espelho do nosso presente, a astrofísica atual ignora fenômenos que a astrologia já explicava, antigamente.

Kepler, o primeiro grande astrofísico (1571-1630) foi um astrólogo reputado em todas as sociedades da Europa. A sua notoriedade estava à altura das suas previsões e dos seus honorários. Se saísse da sua tumba, Kepler não compreenderia o desprezo atual de nossa ciência com respeito à astrologia.

Nossa encarnação nos separa do nosso duplo (antigamente, o ascendente) utilizando dois dos doze espaços zodiacais, um por ocasião da nossa fecundação e o outro com relação ao nosso nascimento. Esses dois signos astrológicos definem nossos potenciais de vida na Terra, em função da nossa posição no fluxo do tempo que, escorrendo dentro do sistema solar, é como um canal portador de doze correntes separadas por comportas planetárias. Civilizações antigas estabeleceram um calendário das aberturas e fechamentos temporais dessas comportas. Existiam as grandes aberturas das grandes portas do tempo, as aberturas medianas das medianas portas e as pequenas aberturas das pequenas portas. Pois cada comporta é também compartimentalizada em comportas.

Assim, os antigos tinham estudado tudo, do grande portal luminoso do passado, ao minúsculo buraco negro do futuro, estabelecendo tábuas astrológicas precisas e, sobretudo, perfeitamente cientificas. O conjunto era caracterizado por doze grandes aberturas (a cada 2.070 anos), indicadas por doze constelações de estrelas no plano da órbita terrestre: Escorpião, Capricórnio, etc.

Era impensável organizar a própria vida sem consultar essas tábuas. Entretanto, era importante saber bem interpretá-las. Apolo, filho de Zeus, ensinou ao seu irmão Hermes a arte da divinação, que era a ciência dos deuses, que permitia alcançar à imortalidade. Nenhuma civilização ousaria renunciar à clarividência, pois as predições ou augúrios tinham, como fundamento, uma rigorosa lei científica.

O caduceu, símbolo da clarividência de Hermes – e, sobretudo, esquema do movimento do desdobramento — era superado pelo espelho da prudência, que permite associar o futuro ao passado, que é algo indispensável. Qual a utilidade de buscar uma reposta a uma questão que jamais quisemos nos fazer?

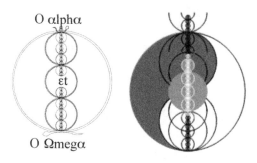

O caduceu e a metamorfose do escaravelho egípcio.

O escaravelho egípcio, símbolo da metamorfose, é também originário do movimento do desdobramento onde cada bola é, por sua vez, uma bolinha dentro de outra bola e onde cada bolinha é a bola de outra bolinha.

Conhecer o labirinto dos tempos permite despertar nosso interesse com relação ao futuro que nos diz respeito, sob a condição de reencontrar nossas ideias iniciais, nosso signo zodiacal e tudo que ele impulsiona. É importante adivinhar os futuros com a condição de não esquecermos que eles estão apenas "potenciais". A vidência é, assim, uma propriedade científica ligada aos tempos, que necessitamos conhecer antes de utilizar. Prever os perigos a fim de suprimi-los, modificando os seus projetos imediatos, oferece a possibilidade de bem viver. É o caso daqueles que nos predizem dramas, para melhor introduzi-los nas nossas vidas? Atualmente, ninguém consultaria um vidente que se contentasse em prever perigos, somente visando evitá-los. Como acreditar em quem prediz acontecimentos graves, que não acontecem jamais?

Uma representação dinâmica da bola atravessada por uma bolinha, permite compreender os dois movimentos que os nossos ancestrais consideravam, de forma justa, como duas espirais entrelaçadas, masculina e feminina:

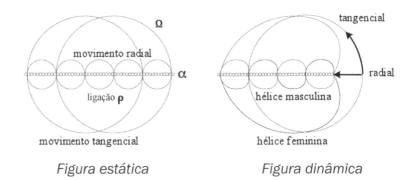

Figura estática   Figura dinâmica

A bolinha no balão.

Com o objetivo certamente pedagógico, este movimento fundamental tornou-se o terceiro olho entre os dois olhos de Hórus, que era comparado com a cabeça de um falcão. Algumas esculturas de cabeças sumerianas evocam, igualmente, esta forma geométrica.

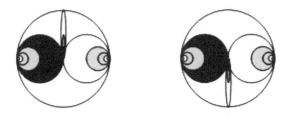

E a Bíblia fala da serpente tentadora na maçã, a fruta proibida do Gênesis:

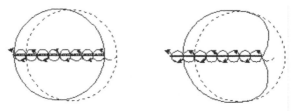

A cabeça da serpente.

A serpente perdia as suas patas ou as suas plumas, durante o desdobramento, para reencontrá-las no final. A serpente com plumas dos povos indígenas da América ressuscitava no final do ciclo.

ANEXO 3

O duplo (Ana-guelos) e o ser humano (ana-th-ropos).

A visualização do desdobramento de uma partícula alfa (α) que é também o primeiro número ($\alpha = 1$) revela uma bifurcação com a forma da letra grega nu ($v = n$). Isso confirma que os Gregos conheciam o desdobramento e sua importância, segundo o nome que eles deram ao duplo.

Então, o Criador, que primeiro se divide é o *ana* ($\alpha v \alpha$), que significa o Mais Alto, o horizonte ou, como definiam os sumérios e os egípcios, o céu ou o teto inacessível.

-ana -   - ana-b -   - ana-g -

Essa divisão não aparece no tempo inicial, o que permite ignorar o desdobramento, dando a impressão de uma perfeita liberdade de ação.

Num segundo tempo, esse desdobramento (beta $\beta = b = 2$) cria $\alpha v \alpha - \beta$: a Criatura que procura "subir em direção ao alto"[5].

Um desdobramento, num terceiro tempo (gama $\gamma = g = 3$) cria $\alpha v \alpha - \gamma$. Trata-se do enviado (*elos*, em grego, *elohim*, em hebraico) no futuro de *ana*, quer dizer, *ana-g-elos*, que se encontra contraído em *agguelos*.

Assim, na antiguidade, o *ana-g-elos* era o "mensageiro dos tempos", o Duplo da Criatura, que transmite ao Criador as mensagens de um futuro potencial permanente. Uma boa e rápida mensagem da sua parte se transformava em um *eu-agguelos* (evangelho)[6].

---

[5] *Anab* = prefixo grego que dá a ideia de eternidade (*anabaivéo*) e de troca por reptação sinuosa como a serpente (*anabainon*).

[6] Após o começo a, ε é após o tempo 4 (δ) e, antes do fim Ω, v é após o tempo 400 (τ).

No final do primeiro desdobramento, no nono tempo (em grego, 9 = *théta* = θ = *th*), ele tornou-se o esboço (*ropoξ*) do Mais Alto (*ana*), o céu inacessível.

Ele era o *ana-th-ropos* ou o "Homem" (*anthropos*), e aquele que vive no futuro do Homem torna-se o filho do Homem.

O Anaguelos é o Homem ou a imagem do Criador no nosso futuro: "Deus criou o Homem a sua imagem", diz a Bíblia. O duplo é o homem, a imagem do criador. E cada Duplo explora, com toda velocidade, o futuro desejado por sua criatura. Através das trocas de informações com o Criador, ele permite a esta criatura sobreviver e, sobretudo, bem viver. Poderíamos dizer que, se o Criador é o Deus de um tempo mais lento ou passado, os duplos são as manifestações reais de Deus num tempo acelerado, criando o futuro da Criatura.

ANEXO 4

O final apocalíptico dos sete tempos do desdobramento.

Antigamente, todo o mundo sabia que a aceleração do tempo terminaria nas "trevas" de futuros potenciais perigosos, fechados nos infernos "da noite dos tempos", onde o tempo se prolongaria por "séculos e séculos".

Um tempo sempre tem aberturas onde se esconde outro tempo. De acordo com essa lei, o sétimo tempo do Criador possui o seu próprio futuro. Para conhecê-lo, é preciso passar as sete velocidades desse tempo, que abre a "sétima porta" dos Infernos, aquela que tira ao imortal a "sua vestimenta *pala* de realeza", como afirmavam os sumérios[7].Não seria essa porta a mesma que, segundo a Bíblia, "desnudou" Adão e Eva?

O desdobramento do alfa ($\alpha = 1$) no tempo 4 ($\delta = 4$), ou seja $\alpha\delta\alpha$, permite fazer a ligação entre o passado α e o futuro Ω. Esta ligação é o meio μ (mu) do alfabeto grego, onde α é o primeiro e Ω o último. Dai a criatura Adão ($\alpha\delta\alpha\mu$). Antes do fim desse desdobramento, no oitavo tempo ($\eta = 8$), um segundo desdobramento ($\beta = 2$) produz a criatura $\eta\beta\eta$ ou Eva, significando virgem ou púbere. Hébé (Eva em latim), filha de Zeus, verte o néctar da imortalidade.

Essas criaturas podem criar um potencial por desdobramento no tempo 5 ($\varepsilon = 5$), tendo assim no presente do tempo 4 ($\delta = 4$) uma ligação com o futuro $\eta = \upsilon$ ($\upsilon\upsilon$), letra que vem logo depois do $m = \mu$ (*mu*). Então, esse potencial é o Éden ($\varepsilon\delta\varepsilon\upsilon$) onde elas podem cultivar a terra ($\gamma\varepsilon o$) através do desdobramento r (ou ρ).

Este Éden não seria a $\gamma\varepsilon o$-ρ-$\gamma\varepsilon o$ ou Georgia?

A física do desdobramento se esconde atrás das vinte e sete letras gregas. Não será esta a melhor maneira de indicar as vinte e sete bifurcações do labirinto dos tempos? A Eva verdadeiramente saiu da cos-

---

[7] Kramer, *A história começa na Suméria*, (ed. Europa-América) Pt, 1997

tela de Adão, mas não no sentido que geralmente entendemos. A raiz quadrada de um número se diz *"pleura"*, em grego, o que significa, igualmente, a costela do homem. No idioma sumério ela se chama *ti*, e *nin-ti*, deusa da vida, também chamada de dama da costela. O contrassenso é normal quando o tradutor ignora a importância da raiz quadrada do número π, que exprime as rotações. Lembremo-nos da escola primária: a meia volta de uma circunferência de raio R é igual a πR!

Qualquer que seja o caminho para ir de uma extremidade a outra do diâmetro, a trajetória nas diferentes circunferências do desenho acima é sempre igual a πR. Ora, o diâmetro de comprimento 2R pode ser considerado como uma continuidade de todos os pequenos círculos sobre os quais o trajeto sempre será πR.

Para mudar de escala de observação, é suficiente passar de 2R para πR, ao mesmo tempo modificando o espaço definido pelo comprimento R e o tempo de rotação definido por π. É assim que a raiz quadrada de π, ou "costela do homem" em grego e sumério, se transforma na constante universal do desdobramento.

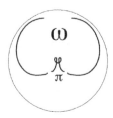

Essa costela humana não é o resultado do acaso; trata-se de uma representação do movimento do desdobramento. A coluna vertebral e as costelas ilustram, perfeitamente, uma hábil pedagogia compreensível pela maioria das pessoas.

Essas informações deviam, sem dúvida, permitir ajudar-nos até o período do apocalipse. Ora, sem saber, já ai nos encontramos. Viver o fim dos tempos, com todo o conhecimento de causa, permitiria uma percepção do futuro e do passado de tal forma que nossas desordens corporais e planetárias melhorariam, rapidamente.

Nossos ancestrais viam nesse contexto um período de falsos profetas, seguido de outro, onde as curas seriam espetaculares. Só existiria o "estado presente", bem equilibrado entre o passado e o futuro, que os gregos chamavam de "Parúsia". Traduzida de forma equivocada, esta palavra adquiriu o sentido de cura milagrosa. *Trata-se na realidade da possibilidade de um retorno ao equilíbrio imediato, após um período presente destabilizante. Somente o fim dos tempos permite essa proeza.*

Frequentemente gurus fanáticos, as vezes perigosos, aparecem e anunciam uma "nova idade", baseada num tipo de proselitismo ou terrorismo sectário inquietante, que faz temer o pior. Ainda não nos beneficiamos da Parúsia, pelo simples fato de ignorarmos a sua realidade. Ora, esse período apocalíptico atual pode recolocar ordem em um corpo arruinado pelo desconhecimento das leis do desdobramento. Esse equilíbrio pode ser rapidamente obtido, pois nós temos a possibilidade de utilizar a aceleração fulgurante do tempo, desde que a utilizemos de forma adequada, para saber distinguir o passado do futuro. O equilíbrio é sempre o de saber encontrar a boa resposta futura à justa interrogação do passado, sem perder-nos com questões provenientes de um futuro sem interesse.

ANEXO 5

O desdobramento do tempo permite a um Criador
utilizar as aberturas do seu tempo inicial (passado), para
fazer evoluir as Criaturas num tempo acelerado (presente).

Cada uma dessas Criaturas possuem, nas suas próprias aberturas temporais, dispõe de um Duplo, capaz de lhe criar um futuro potencial.

tempo 0	*banco de dados iniciais*	**luz**
tempo 1: passado das Criaturas	= **presente do Criador**	
tempo 2:		
tempo 3		
tempo 4: **presente das Criaturas** = futuro do Criador = passado dos Duplos		
tempo 5		
tempo 6		
tempo 7: futuro das Criaturas	= **presente dos Duplos**	
tempo 8	futuro inacessível	**trevas**

No começo do último desdobramento dos tempos, nós nos tornamos mortais, permanecendo no futuro do nosso duplo no oitavo tempo, ou seja, dentro das aberturas temporais imperceptíveis do sétimo tempo. As civilizações antigas sabiam que era possivel atravessar esse lugar infernal, passando pelas sete portas dos Infernos.

				Luz
tempo 1:	passado	Criador		
↓				
tempo 4:	presente	Criaturas imortais		
↓				
tempo 7:	futuro	seus Duplos + **nossos Duplos**		= 1
↓			↓ trevas	
tempo 10:	presente dos mortais	**nós**		= 4
↓				
tempo 13:	futuro dos mortais criado pelos **desconhecidos**			= 7
			Infernos	= 8

Sem futuro, é preciso ser dois, como Adão e Eva, para utilizar a lei vital do tempo. Um fica no passado e o outro no futuro. Assim, o pre-

197

sente pode ser modificado, mas sem beneficiar as trocas de informações.

1. O passado:	O duplo de Adão
	↓
4. A Terra (possibilidade de incarnação mortal):	Adão e Eva (o Éden)
	↑
7. O futuro:	O duplo de Eva

Necessidade da cumplicidade do futuro e do passado para o presente.

Essa perigosa exploração a dois conduz os exploradores imprudentes em direção às trevas. Dentro desses espaços infernais, nossos cúmplices de antigamente agora nos manipulam, fazendo-se passar por deuses do nosso futuro. Entretanto, se conhecermos a lei, eles se tornariam apenas os servidores.

As aberturas temporais do nosso sétimo tempo nos ocultam a margem do invisível "Hadès" da mitologia grega, "Kur" dos sumérios e "Scheol" dos hebreus, onde há "choro e ranger de dentes".

Os siete primeiros tempos da nossa luz

↓

tempo 1	O Criador (*inacessível*)	
tempo 4	As Criaturas Imortais (*inacessíveis*)	
tempo 7 = nosso tempo 1	Os duplos	
tempo 11 = nosso tempo 4	Nós	
tempo 14 = nosso tempo 7	desconhecidos do futuro	= *seus tempos 1*
tempo 17	seus futuros (inacessível)	= *seus tempos 4*
tempo 20	o Cheol, o Hadès, o Kur	= *seus tempos 7*

↑
Os sete tempos das nossas trevas.

198

ANEXO 6

A descorporação utiliza uma energia antigravitacional.

Pelas trocas dos corpos energéticos, há uma atração:

- seja na direção do tempo mais lento do nosso duplo, que constrói nosso passado luminoso:

		1ª troca	
tempo 1.	**Os duplos**	Nós	
		↑ ↓	*2ª troca*
tempo 4.	Nós	**nosso duplo**	Um desconhecido
			↑ ↓
tempo 7.	Desconhecidos		nosso duplo

A troca dos corpos energéticos em dois tempos.

- seja na direção do tempo acelerado de desconhecidos, que construem nossos futuros tenebrosos:

tempo 1	**Os duplos**	
		um único tipo de troca
tempo 4	Nós	Desconhecidos
		↑ ↓
tempo 7	Desconhecidos	Nós

A troca sem o controle do duplo.

Extraído da teoria, o teorema das três energias do desdobramento demonstrou a existência dessa energia antigravitacional. Ela representa 666 milésimos da energia total, equilibrando os 333 milésimos da gravitação[8].

No universo, esses 666 milésimos existem. A teoria do desdobramento mostra que eles correspondem a uma força de expansão do espaço e de aceleração do tempo, sobre a qual ninguém acreditava.

---

[8] Ver as publicações científicas (referências no final do livro).

Felizmente, duas observações recentes do cosmos permitiram verificar a existência dessa energia, totalmente desconhecida, conduzindo a aceitação do teorema acima descrito.

Saul Perlmutter, da Universidade de Berkeley, na Califórnia, e Brian Schmidt, da Universidade Nacional da Austrália (ambos receberam o prêmio Nobel de Física de 2011) de forma independente observaram, em 1998, uma supernova (explosão de uma estrela). Eles deduziram que uma energia desconhecida, que representa 66,7 % da energia total do universo, se opunha à gravitação, provocando uma expansão do espaço observável. Depois de muitas conversas, às vezes úteis, mas a maior parte do tempo estéreis, a conservadora comunidade cientifica teve que, finalmente, aceitar essas conclusões, sem conhecer, entretanto, a causa relacionada ao desdobramento do espaço e do tempo. Isto resulta certa confusão nas explicações atuais, para não dizer mais. Assim é que, na revista "La Recherche" de janeiro de 2003, pode-se ler essa escandalosa explicação:

"As diferentes experiências levam-nos à conclusão da existência da dominação de uma entidade desconhecida, que possui um efeito repulsivo sobre a estrutura do espaço (energia negra = 65% da energia total)".

Na realidade, esta energia de 666 milésimos do todo atrai em nossa direção o futuro obscuro, enquanto os 333 milésimos nos aspiram nas aberturas temporais do passado luminoso. *Resta-nos um milésimo, para realizar o equilíbrio em nosso tempo. É essa pequena diferença que nos deixa uma inteira liberdade de manobra.*

Nós exploramos o futuro ou o passado, procurando utilizar esse milésimo disponível, nesses lugares, para refazer a nossa unidade. Se, por outro lado, deixarmos ao nosso Duplo o cuidado de pensar em nosso lugar, os seus próprios 666 milésimos de energia vêm equilibrar os nossos 333 milésimos que, com o nosso único milésimo disponível no nosso corpo físico, reformam a nossa unidade.

No fim do tempo do nosso desdobramento, de 25 000 anos, um primeiro período deve provocar uma aceleração brutal da expansão do

universo, quando as aberturas em direção do futuro estarão amplamente abertas, ou seja, depois de 1989, data da quarta das explosões
solares, que marcam o final dos sete tempos[9].

Em seguida, num segundo tempo, esse mesmo equilíbrio provoca
uma contração do universo, igualmente brutal. Ora, a recente observação do cosmos revela a precisão dessa previsão. Depois de 1999, essa
expansão é submetida a uma brusca aceleração. Isso confirma bem o
fato anunciado pela teoria do desdobramento, ou seja, que estamos
nos aproximando rapidamente, até mesmo demasiado rapidamente,
do nosso apocalipse. O Big-Bang torna-se cada vez mais real, pois o *alfa*
se transforma em *ômega*, no final dos sete tempos do desdobramento.

Essas três energias fenomenais estão ao nosso serviço, permanentemente. De forma esquemática, o nosso corpo físico é submetido à
gravitação, enquanto que o nosso corpo energético é submetido à antigravitação. Antigamente, esse efeito foi dominado pelos tibetanos que,
elevando o seu corpo energético, conseguiam conservar uma ligação
com seu corpo físico: isso podia elevá-los ligeiramente do chão. Assim,
eles controlavam a gravidade, através do fenômeno chamado de "levitação". Certos raptos, supostamente por extraterrestres, podem ser ex-
plicados através das trocas entre corpos energéticos, controladas por
desconhecidos do nosso futuro.

Não é necessário compreender a lei energética do desdobramento
para obter, nas aberturas temporais, as informações que estão a nossa
disposição, mesmo quando nosso cérebro é incapaz de reflexão e de
compreensão a respeito. Um princípio vital deve ser acessível instintivamente, mesmo por um recém-nascido. Mas, para controlá-lo, é necessário saber recusar o futuro para atrair nosso duplo.

Infelizmente, nós sempre somos atraídos pela energia do futuro, os famosos 666 milésimos, referidos pelo *Apocalipse de São João*[10]. "Aqui, necessitamos de *finesse*! Que o homem dotado de espírito calcule o número
da Besta (apocalíptica), que é o número do homem. E seu numero é 666."

---

[9] Ver Anexo 4
[10] Apocalipse de São João : XIII-16 a 18.

Nós religamos os nossos 666 milésimos aos 333 milésimos de desconhecidos do futuro, que nos manipulam. Portanto, deveríamos ligar os nossos 333 milésimos aos 666 milésimos do nosso Duplo.

A soma é sempre igual a 999 milésimos, mas as informações não são as mesmas e os resultados são bem diferentes.

1 = 33,3% ↑ duplo ↓ **66,6%**

‎ ‎ ‎ ‎ ‎ ‎ ‎ ‎ ‎ ‎ ‎ ‎ ‎ ↕ = ligação (*equilíbrio*)

4 ‎ ‎ ‎ ‎ ‎ ‎ ‎ ‎ ‎ ‎ = **33,3%** ↑ Nós ↓ ‎ ‎ **66,6%**

‎ = ligação (*desequilíbrio*)

‎ ↕

7 ‎ ‎ ‎ ‎ ‎ ‎ ‎ ‎ ‎ ‎ = **33,3%** ↑ Desconhecidos ↓66,6%

As energias das trocas.

Nesse caso, não existe mais a nossa liberdade e nós nos tornamos marionetes do futuro, do qual poderíamos ser mestres, caso assim o desejemos. Ora, esse não é mais o caso, e, como escreveu São João: "Nós somos marcados pelo número 666"

Tentados pelo futuro, as nossas trocas de informações durante os nossos sonhos, não funcionam bem. Fugindo de nosso duplo e de nossas questões passadas, nossos desequilíbrios são incessantes, ou quase.

Ao invés de apagar o nosso erro monumental, no início do ciclo do desdobramento, nós agravamos ainda mais o nosso estado. Não somente exploramos o futuro de nosso duplo, como também, ao invés de reorganizar os nossos potenciais, continuamos essa exploração, sem ao menos conceder-lhe o mínimo controle.

ANEXO 7

A água transporta e estoca as informações.

Disponível nas aberturas temporais, o potencial vital é distribuído a cada célula, pelo intermédio da água que é, ao mesmo tempo, um reservatório e um vetor de informação, entre nosso corpo energético e as nossas células orgânicas.

Na medicina, conhecemos o princípio homeopático, que consiste em colocar um produto em diluição na água, para transmitir à pessoa doente uma informação capaz de lhe curar. Essa diluição permite, aos numerosos difamadores dessa técnica, dizer que os doentes apenas bebem água e que, na realidade, eles se curam pela sugestão ou pelo efeito "placebo".

A teoria do desdobramento possibilita compreender e explicar a homeopatia. É totalmente possível dar à água do nosso corpo uma informação saudável, capaz de otimizar o nosso equilíbrio[11].

Um adulto é composto de 65% de água.

Um "circuito hídrico" sustenta nosso corpo, de células em células. É um "transcodificador-decifrador" entre nosso organismo e nosso corpo energético, que envia e capta ondas, permanentemente.

As informações ondulatórias circulam, instantaneamente, nas aberturas temporais. A onda de um pensamento circula na água, com uma velocidade infinitamente mais rápida que a de um peixe. A circulação rápida dessas informações é constatada nos oceanos, onde os tubarões são capazes de detectar, instantaneamente, uma gota de sangue a trinta quilômetros.

A diluição de uma gota no oceano não é mais homeopática, ela é quase infinita. A informação circula ainda mais rápido que a gota de sangue se agita na água. Nesse caso, o tubarão se precipita, imediatamente, na di-

---

[11] Ver referências científicas.

reção do que ele pensa ser uma boa refeição. Por isso é recomendado ao ferido, que nada em águas infestada com esses perigosos predadores, de permanecer imóvel. A agitação seria um fator eficaz para o transporte da informação.

Os laboratórios homeopáticos conhecem bem os benefícios do movimento, ou seja, a dinamização, que dilui e distribui o princípio ativo. Antigamente, alguns pesquisadores manualmente realizavam esse movimento, de acordo com o ritmo cardíaco.

A palavra, a música, o canto, o mantra e a encantação podem, igualmente, ancorar informações no nosso corpo energético, graças ao nosso circuito hídrico. Experimentos evidenciam que uma música de Beethoven ou de Mozart reestrutura a água. Ao contrário, a violência de certas músicas modernas a deformaria[12] mais do que os nitratos.

Os sons, benéficos ou maléficos, passariam mesmo dentro dos "túneis dos sonhos". Daí a importância do ritmo, para apoiar as palavras. Nós sabemos que a Ilíada e a Odisseia, assim como a Bíblia, eram relatos épicos declamados, com regras precisas. Atualmente, a leitura do Corão conserva, ainda, essa tradição primordial, que permite uma memorização mais rápida.

A água é o suporte fundamental de toda informação. Sem ela, nunca teria existido vida na Terra. Ela está presente desde a nossa concepção: 98% do embrião de um mês são constituídos de água, enquanto a percentagem da medusa so é de 96%.

Um feto é um produto puramente homeopático, dentro do qual as células se diferenciam, pouco a pouco, de acordo com uma ordem pré-estabelecida.

A água sempre foi considerada como uma fonte de informação. Somente na nossa civilização atual ela é vista, meramente, como um líquido desalterante, indispensável à vida.

Nós a poluímos e a despoluímos com produtos químicos, sem consciência de que estamos modificando, assim, nossas informações e o

---

[12] Experiências de Masaru Emoto, 2001, *The Message of Water, (As Mensagens da Água)* Ed. Hado Kyaikusha Co, Ltd.

nosso potencial coletivo. As virtudes da água dependem do lugar que engendrou múltiplos futuros. Hoje em dia, o que estão armazenando nossas estações de purificação das águas? Sabemos tornar uma água potável; entretanto, a desenformamos do seu passado nocivo? A água salobra de um poço no deserto do Sahara possui, sem dúvida, mais bactérias perigosas, mas com menos informações detestáveis do que uma água tratada, saída de um dos nossos reservatórios.

As civilizações antigas conheciam o poder oculto da água. Nos tempos bíblicos, o batizado era feito pela imersão do corpo dentro da água de um rio ou de uma fonte. Não seria isso uma maneira, muito simples, de receber uma informação vital?

Por que os povos da Índia ou do Oriente Médio se servem da água, pensando que ela é capaz de recriar uma ligação com o Criador?

Como não pensar que eles conheciam a importância dos circuitos hídricos do nosso corpo, que apenas estamos começando a redescobrir?

Desde a noite dos tempos que os hindus procuram também a purificação, se banhando nas águas do Ganges, periodicamente. Para sobreviver, um corpo precisa de água e de informações. Lembremos-nos desta frase de Maomé: "Deus criou todos os seres vivos a partir da água." (Surata XXIV, 45).

Essa é uma noção totalmente científica: a água contém um potencial vital, sempre disponível.

Quando um lugar é inabitado durante séculos, a água poderia restituir informações passadas a quem viesse a bebê-la.

Os romanos conheciam esse princípio e a importância das fontes termais, que os druidas desenvolveram, muito antes deles. Eles sabiam que não deviam perturbar a "dinâmica" da água e, por essa razão, construíam longos viadutos para fazê-la circular, lentamente: a exemplo da ponte sobre o rio Gard religando Nîmes (na França) a uma fonte.

Para veicular a água potável, eles renunciaram ao princípio dos tubos de evacuações e das caixas d'água, que eles utilizavam para aquecer as suas casas. Eles não queriam "desnaturar" ou "desbatizar" a água das fontes, por diferenças de pressão ou por um fluxo rápido demais.

Os pensamentos desnaturam ou renaturam a água, emitindo ondas nas aberturas temporais. Para ser eficaz, uma "renaturação" não deveria utilizar um ritual, como uma bênção mal compreendida, mas veicular uma informação capaz de dar à água um futuro potencial despoluído.

Beber um pensamento equilibrante, mergulhado dentro de um copo de água suja, pode ser mais salutar do que beber uma água despoluída através dos procedimentos atuais de purificação.

Atualmente, raras experiências realizadas com uma água "renaturada", diluída em uma água ordinária, aumentam a produção de cereais, mais de 500 %, sem poluir o solo.

No domínio da área agrícola, as civilizações antigas tinham competências que podem nos ensinar muito, nos dias de hoje, para não termos que recomeçar cometendo erros passados.

Depois de um Dilúvio dramático, a água se tornou rara na Babilônia e no Egito, como poderia ficar no mundo inteiro, no fim dos tempos do nosso desdobramento, que abre amplamente as portas do caos.

Esse cataclisma foi, sem dúvida, provocado pela queda de um meteorito na Sibéria, modificando o clima, conduzindo uma fonte de icebergs e uma elevação do nível das águas. Alguns pensaram que as águas do mar Negro transbordaram, abrindo o Estreito de Bósforo e provocando um gigantesco maremoto.

As civilizações não se desenvolviam no seio do deserto. A areia e a seca invadiram o Egito e o Oriente Médio após este dilúvio. Descobertas no sul do Golfo Pérsico, obras impressionantes de irrigação permitem esta suposição. As escavações extraíram a areia de quilômetros de canais: os campos dos sumérios eram verdejantes, sem dúvida, talvez da mesma maneira que às margens do Nilo, onde a terra era a "al-khimia" ou a alquimia salvadora.

"Então, um grande astro caiu do céu,
como uma bola de fogo...
e muitos morreram, dessas águas que se tornaram amargas".
Apocalipse de São João: XIII-10&11.

ANEXO 8

Nascido da teoria, um cálculo simples permite conhecer
a aceleração dos tempos entre o passado,
o presente e o futuro.

Uma meia-volta em uma roda gigante de dez metros de raio, nos leva a percorrer 31,416 metros, pois uma rotação é sempre caracterizada pelo famoso numero 3,1416... = π, que define também as doze portas planetárias:

Sol π,

Mercúrio 10π /2,

Vênus 100π /4,

Terra-Lua 1000π /8, etc.

O conjunto Terra-Lua gira em torno do Sol. A Terra fornece 93% dessa rotação e a Lua, 7%:

1000π/8 = 392,7 = 365,21,+ 27,59 = (Terra 93%+Lua 7%).

Com um cálculo corretivo suplementar, obtemos 365,25 dias para a roda gigante terrestre (ou seja, um ano) e 27,5 dias para a roda gigante lunar vista do Sol, o que, visto da Terra, é a Lunação — tempo que separa duas luas cheias — de 29,5 dias.

O primeiro tempo de um espaço desdobrado é, sempre, o décimo do espaço inicial.

Nosso tempo é a consequência de um desdobramento do tempo lento, que só utiliza o décimo de 392,7, ou seja, 39,27 dias.

Ele é, também, um tempo lento para um tempo desdobrado que só utiliza o décimo tempo da roda lunar, ou seja, 2,75 dias.

Arredondados, os números acima são: 39 dias e 3 dias.

Nosso sono paradoxal se desloca durante a noite, para corrigir essa aproximação.

ANEXO 9

A Terra se povoa, mais e mais, com crianças superdotadas.
É o resultado da próxima justaposição do futuro
e, após, do passado, no nosso presente.

A separação dos tempos termina mais rapidamente no futuro do que no passado. Criaturas do futuro já se reunificaram depois de março 1989 e agora procuram se encarnar na Terra, para se aproximarem do Criador. Essas crianças são denominadas de índigos, pois suas vibrações são caracterizadas por essa cor[13]. Os seus duplos vem das trevas, cobrindo-as de uma vestimenta preta. O nosso duplo nos cobre de uma vestimenta branca da sua luz.

	O Criador[14]	= seu tempo 1
	As Criaturas imortais	= seu tempo 4
Nosso tempo 1	Os Duplos	= seu tempo 7
Nosso tempo 4	Nós + as crianças índigos (encarnação ↑)	
Nosso tempo 7	Seus Duplos	= seu tempo (1=4=7)

13 de março de 1989 = O fim dos sete tempos das trevas.

Sem o conhecimento das leis do desdobramento, eles podem levar o planeta em direção à um caos infernal, pois os seus duplos não estão no nosso passado, mas constroem o nosso futuro nas nossas aberturas temporais. São os deuses caídos da Bíblia, os deuses da mitologia grega ou egípcia.

---

[13] Quando o tempo fica lento, as ondas luminosas se afastam e percebemos a cor vermelha. Quando ele se acelera, as ondas se aproximam e percebemos a cor azul. Quando os tempos se equilibram, elas se confundem e estamos na luz branca.
[14] O Criador ($\alpha\Omega$) = o Divisível *ana* ($\alpha\upsilon\alpha$) = o Indivisível *nouv* ($\nu\Omega\nu$).
Noun em egípcio, ou a protomatéria inicial.

As criaturas que lhes desdobram, ao se incarnar na Terra com conhecimentos surpreendentes, podem se transformar em gurus e falsos profetas, no fim dos tempos. *Eles possuem, na memória, as soluções para os problemas que eles já experimentaram no nosso futuro.*

Os seus prodígios poderiam nos perturbar violentamente, a menos que seus pais consigam relacionar os Duplos dessas crianças aos seus próprios Duplos, desta forma estabelecendo uma ligação criadora salutar entre o passado e o futuro. Senão, a incompreensão entre as gerações será total e a violência inelutável.

ANEXO 10

No início da nossa era, os nossos duplos eram,
na maioria, anjos caídos, evoluindo
nos futuros interditados. A abertura do nosso mundo
face ao do Criador, permitia a encarnação
de uma criatura imortal na Terra, sendo que essa imortalidade
se manifestava após a morte, pela ressurreição
após três dias, durante quarenta dias.

1.Criador
4.Criaturas Imortais (uma delas: Jesus)
7.Seus **duplos**
   (um deles: o Paráclito) .../a fechadura/... 1.Nossos **duplos**   *depois da redenção*
                                           4.Nós (encarnação)   ↑

                                           7.Nossos **duplos**   *antes da redenção*

O retorno dos nossos duplos em direção à luz.

ANEXO 11

Os físicos ignoram, ainda, que as leis de Newton e de Kepler, verificadas e verificáveis no nosso espaço planetário, serão inexatas no fim dos tempos, pois elas não consideram as aberturas temporais e a descontinuidade do tempo. Cada espaço planetário se instala numa órbita mais confortável. A Terra pode perder peso, desenvolvendo ativamente os seus vulcões, lançando a sua "sobrecarga" no espaço, ou por numerosos terremotos, que podem balançá-la para melhor distribuir a sua massa. Depois de perder demasiado peso, pela sucessão de doze regimes draconianos de dois mil anos cada, a Terra atrai rochas vindas do espaço.

Baseado na continuidade aparente do tempo, fato bem conhecido pelos estudantes de classes terminais avançadas, o cálculo diferencial permanece a base matemática da física. As equações, extraídas dessa base, exprimem as leis dentro de um tempo contínuo e observável, por aquelas pessoas que vivem no mesmo mundo e utilizam os mesmos relógios. Elas tomam como paranormais as observações físicas, onde passado, presente e futuro jogam o mesmo papel, ao mesmo tempo.

Essas recolocações temporais cíclicas podem, igualmente, perturbar o magnetismo, às vezes invertendo os polos. Essas inversões periódicas são bastante frequentes e podem ser constatadas a partir das lavas ejetadas pelos vulcões. O magnetismo de algumas de suas partículas só se ativa depois do esfriamento das mesmas. A orientação norte-sul observada, depende da posição do Polo Norte, no momento da explosão vulcânica.

Assim foi possível precisar as datas das inversões sucessivas, que nunca duram mais de dez mil anos.

A última aconteceu no meio do nosso ciclo atual de vinte cinco mil anos, quer dizer, no momento de uma grande abertura caótica. Ainda mal compreendida, a aceleração da expansão do universo corresponde à aceleração desse fim. É possível que as duas últimas explosões solares aconteçam ao mesmo tempo.

Neste caso, os cataclismos poderiam ser dramáticos.

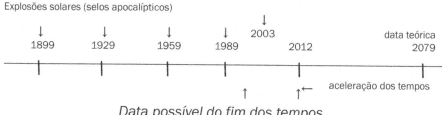

Data possível do fim dos tempos.

Através de simulação no computador já sabemos prever que, daqui a alguns anos, 75 % das terras habitáveis estarão sob as águas. Será preciso, verdadeiramente, aguardar que New York esteja inundada, para que os governos tomem consciência da gravidade da situação planetária?

REFERÊNCIAS CIENTÍFICAS

A teoria do desdobramento (The Doubling Theory) foi objeto de quatro publicações científicas sucessivas, numa revista internacional com "referees" (escrutinio de cientistas):

[1]. J.P. Garnier-Malet, 1998, *Modelling and Computing of Anticipatory System: Application to the Solar System*, International Journal of Computing Anticipatory Systems. Vol 2. 132-156, Ed. by D.M. Dubois, Publ. by CHAOS, Liège Belgium.

[2]. J.P. Garnier-Malet,1999, *Geometrical Model of Anticipatory Embedded Computing*, International Journal of Computing Anticipatory Systems, Vol 3. 143-159, Ed. by D.M. Dubois, Publ. by CHAOS, Liège Belgium.

[3]. J.P. Garnier-Malet, 2000, *The Doubling Theory*, International Journal of Computing Anticipatory Systems, Vol 5. 39-62, Ed. by D.M. Dubois, Publ. by CHAOS, Liège Belgium.

[4]. J.P. Garnier-Malet, 2001, *The Three Time Flows of Any Quantum or Cosmic Particle*, International Journal of Computing Anticipatory Systems, Vol 10. 311-321, Ed. by D.M. Dubois, Publ. by CHAOS, Liège Belgium.

Em seguida, três publicações científicas, sobre as aplicações desta teoria, foram publicadas:

[5]. J.P. Garnier-Malet and al, 2002, *The Doubling Theory Could Explain the Homeopathy*, International Journal of Computing Anticipatory Systems, Ed. by D.M. Dubois, Publ. by CHAOS, Liège Belgium.

[6]. J.P. Garnier-Malet and al, 2003, *The Relativistic Correction According to the Doubling Theory, Physical Interpretation of Relativity Theory* (PIRT VIII), Ed. Michael C. Duffy, University of Sunderland, London.

[7]. J.P. Garnier-Malet and al, 2003, *The Explanation of the E.P.R. Parabox and the Big-Bang, According to the Doubling Theory, Physical Interpretation of Relativity Theory* (PIRT IX), Ed. Michael C. Duffy, University of Sunderland, London.

A publicação que se segue é muito importante, pois completa as publicações de [1] a [4], demonstrando que, atualmente, a teoria do desdobramento é a única capaz de explicar os novos planetas (ou planetoides) recentemente descobertos no Sistema Solar, fora de Plutão.

[8]. J.P. Garnier-Malet, *The Doubling Theory corrects the Titius-Bode Law and defines the fine structure constant in the solar sistem*, American Institute of Physics, 2006, Vol. 839, Melville, New-York. USA.

Um texto condensado, em francês, encontra-se disponível no seguinte site: www.garnier-malet.com.